KB122484

해도 해도 너무하시네요

상처받지 않고
웃으면서 써먹는
진상 격퇴술

해도
해도
너무

하시네요

엔카와 사토루 지음
서라미 옮김

토마토
출판사

다음 중 '그렇다'고 생각하는 문항에 표시하세요.

☐ 갑질 고객을 만났을 때는 속도감 있게 대응하는 것이 중요하다.

☐ 고객 제일주의를 습관화하고 늘 고객의 심기를 살펴야 한다.

☐ 갑질 고객도 고객이므로 고객 만족의 태도를 잃지 않아야 한다.

☐ 상대방이 납득할 때까지 인내심을 갖고 설명해야 한다.

☐ 사실관계가 분명히 밝혀지기 전까지 사과하면 안 된다.

☐ 상대방의 불합리한 요구는 논리적으로 반박해야 한다.

☐ 고객 불만 실태를 제대로 파악하기 위해서는 고객에게 질문해야 한다.

☐ 소리 지르는 사람은 악질 고객이므로 경계해야 한다.

☐ 갑질 고객의 본성을 파악하기 위해 상대방의 기분까지 헤아려 생각하는 편이 좋다.

☐ 오해를 막기 위해서 고객의 말을 자르는 한이 있더라도 바로 지적해야 한다.

☐ 악플은 최대한 조심하고 각별히 경계 태세를 갖춰야 한다.

☐ 갑질 고객과 끝까지 협상해 손해 보상은 최대한 적게 해야 한다.

☐ 상대방이 어떤 사람이든 할 말을 다 하게 둔 다음, 요구를 거절해야 한다.

☐ 갑질 고객의 유형은 천차만별이므로 미리 준비하기보다 그때그때 대응하는 수밖에 없다.

사실 이 체크리스트는 모두 불만 고객을 응대할 때 '해서는 안 되는 일'의 목록입니다. 만약 하나라도 표시했다면 당신은 악질 고객의 덫에 빠져 대응에 긴 시간을 쏟거나 마음에 상처를 입을 가능성이 있습니다.

갑질 고객들이 주로 내뱉는 말

"휴업 보상을 해!"
"치료비 지급해!"
"정신적 피해 보상 해!"
"성의를 보여!"
"위로금 줘! 위자료 줘!"
"무릎 꿇어!"
"쟤 잘라!"
"기분 더럽네!"

'못 해 먹겠네' 유형

'무서워' 유형

"장난해?"
"나가 죽어! 반 죽인다!"
"잠깐만."
"일 제대로 해!"
"아무짝에도 쓸모없는 놈이!"
"제정신이냐?"

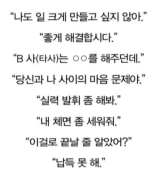

"나도 일 크게 만들고 싶지 않아."
"좋게 해결합시다."
"B 사(타사)는 ○○를 해주던데."
"당신과 나 사이의 마음 문제야."
"실력 발휘 좀 해봐."
"내 체면 좀 세워줘."
"이걸로 끝날 줄 알았어?"
"납득 못 해."

'이 사람 좀 위험한데' 유형

'잘못 걸렸다' 유형

"SNS에 올린다!"
"언론에 제보한다!"
"소비자원에 고발한다!"
"사진 찍어놨어!"
"녹음(녹화)했어!"
"보고서 써서 보내!"

"태도가 그게 뭐야?"
"날 바보로 아는 거야?"
"손님을 무시하는 거야?"
"그래서 내 책임이라는 거야?"
"내가 자작극을 벌였다는 거야?

‘끈질기군’ 유형

"아직 내 말 다 안 끝났어!"
"말하는 도중에 전화 끊지 마!"
"제대로 조사해! 결과 보고해!"
"사과 편지 써서 보내!"
"공식 사과문을 내!"

"이 자리에서 당장 결론을 내!"
"책임자 불러!"
"지금 당장 여기로 와!"
"지금 그리로 갈 테니까 딱 기다려!"
"빨리 해! 더 못 기다려!"

‘서두른다고 될 일이 아닌데’ 유형

시작하며

    저는 오사카부 경찰로 근무하다가 1995년 39세에 대규모 민간 유통 업계로 전직해 고객 불만 대응과 위기관리 업무에 종사했습니다. 그리고 2002년 고객 불만 대응 전문 컨설턴트로 독립했습니다. 경찰로 재직하던 시절, 경찰서 근처 음식점이나 상점 주인들이 갑질 고객 일로 상담을 해온 일이 있었습니다. 그때 저는 이렇게 대답했습니다.

    "구체적으로 금품을 요구하지 않았다면 사건이 아닙니다."

    "경찰은 다툼이나 민사 문제에 개입하지 않습니다."

    "의연하게 대응하시고 부당한 요구는 잘라버리세요."

    그러나 유통업계에서 일하기 시작하면서 의연하게 대응하는 일이 얼마나 어려운지 뼈저리게 느꼈습니다. 밤낮없이 울려대는 휴대전화벨 소리에 진땀 흘리며 필사적으로 노하우를 쌓았습니다.

이후 독립해서 기업과 매장, 병원과 학교, 관공서 등 100개 업종에 이르는 조직과 단체에서 고객 불만 대응에 관한 강연과 세미나를 한 지도 어느덧 20년이 지났습니다. 기업 고문 자격으로 단발성 의뢰를 포함해 고객 클레임으로 고민하는 분들을 실시간으로 지원하는 일도 합니다. 24시간 통화가 가능한 전용 휴대전화를 두고 전화나 메일로 조언할 뿐 아니라 갑질 고객과 직접 대면하기도 합니다. 지금까지 해결한 고객 불만이 5,000건을 훌쩍 넘습니다.

일을 하면서 절실히 느낀 점이 있습니다. 너무나 자기중심적이어서 여간해서는 설득하기 어려운 갑질 고객들이 나날이 증가하면서 사회 분위기가 악화하고 있다는 사실입니다. 원래 클레임은 고객이 기업에 전하는 의견이자 지도이며 요청 사항입니다. 하지만 현대사회에서는 서비스를 받는 쪽이 편리함에 지나치게 익숙해져 잠깐 기다리는 일조차 참지 못하게 됐습니다.

서비스를 제공하는 쪽이 고객 만족을 추구할수록, 그래서 더 편리해질수록 만족의 기대치가 높아지고 불만을 느끼는 사람이 늘어 사소한 일에도 폭발하는 '몬스터 고객'이 증가하고 있습니다. 불합리한 주장을 끝없이 쏟아내는 고객을 응대해야 하는 분들이 겪는 고생과 피폐함은 상상을 초월합니다. 갑질 고객으로 인한 우울과 스트레스를 해결하지 못하면 기업 내에 부정적인 분위기가 퍼져 퇴사가 꼬리에 꼬리를 물고,

결국 인력 부족으로 도산하게 됩니다. 실제로 이런 기업들이 많아지고 있습니다.

고객 불만의 변천사

고객 불만의 변천사에는 몇 번의 고비가 있었습니다. 일본에서 클레이머(claimer)라는 말이 유명해진 것은 1999년에 있었던 도시바 클레이머 사건 때문입니다(1998년 12월 일본의 가전제품 매장에서 도시바의 비디오테이프리코더를 구매한 소비자가 구매 직후 제품의 점검과 수리를 요청했다. 얼마 뒤 소비자가 요구하지 않은 부품이 임의로 개조된 것을 발견하고 이에 항의하자 직원이 소비자에게 폭언하는 등 부적절하게 응대한 내용이 공개되면서 도시바 불매운동이 일었다. 특히 도시바 직원이 소비자에게 "당신 같은 사람은 고객이 아니라 클레이머야"라고 말한 사실이 알려지며 '클레이머'라는 단어가 유명해졌다 – 옮긴이). 2001년에는 유키지루시 쇠고기 원산지 위조 사건(외국산 쇠고기를 일본산 쇠고기로 속여 일본 농림수산성에 매입 비용을 부당 청구한 사건이다 – 옮긴이)을 계기로 축산업계 전체에 만연한 보조금 허위 청구 관행이 사회문제로 불거졌습니다. 당시 원산지 위조 식품에 불안감을 느낀 고객들의 불만이 쇄도했습니다. 2007년에는 홋카이도를 대표하는 디저트로 사랑받는 시로이고이비토와 이세 지역 명물 화과자 아카후쿠 모찌가 유통기한을 속인 정황이 드러났고, 심지어 고급 료칸 센바키초도 식자재 원산지를 위조한 것으로 드러나 연일 언론 지면을 장식했습니다.

유사한 사건이 잇달아 터지면서 기업을 바라보는 소비자의 눈총은 한층 따가워졌고 기업은 골머리를 앓게 되었습니다. 개인적인 생각입니다만, 기업이 '과도한 고객 제일주의'를 다시 생각하게 된 것이 이때입니다. 여론을 이용하는 악질 고객에게는 단호하게 응대하기로 한 것입니다. 이 무렵, 제게도 전국 상공회의소와 경영협회 등에서 강연과 세미나의 의뢰가 쇄도했습니다.

2011년 동일본 대지진이 일어나면서 기업에 대한 고객 불만 횟수가 격감했으나, 2013년 한큐한신호텔의 식품 원산지 위조 사건이 발생하고, 2014년부터 2015년에 걸쳐 맥도날드 햄버거(일본 맥도날드)와 페양이 출시한 야키소바 컵라면(마루카식품)에서 이물질이 발견되면서 소비자의 불안과 불만은 단번에 증가해 고객 불만의 태풍이 휘몰아쳤습니다. 이러한 사회 분위기는 식품 관련 기업을 넘어 모든 업계로 퍼졌습니다. 기업뿐 아니라 의료·교육·행정기관을 바라보는 시민의 눈길도 더욱 매서워졌습니다.

오늘날 고객 불만의 패턴은 더욱 복잡해졌습니다. 소비자의 불합리하고 과도한 요구는 '고객의 소리'로 대응할 수 있는 수준을 넘어 '갑질'의 영역으로 퍼지며 사회문제가 됐습니다. 뒤에서 자세히 살펴보겠지만, 이 갑질 문제를 해결하기 위해 각지의 노동조합과 정부가 대책 마련에 착수했습니다. 한 번 잘못 대응하면 블로그와 SNS를 통해 눈 깜짝할 사이에 악플이 퍼질 가능성도 있습니다.

또한 초고령화 사회를 맞이한 오늘날에는 '실버 몬스터'라 불리는 고령 갑질 고객도 큰 사회문제가 되고 있습니다. 단카이 세대(1947~1949년에 태어난 일본의 베이비붐 세대를 말한다 - 옮긴이)에 속하는 고객 중에는 젊은 시절에 몸에 익힌 협상력을 무기로 고객 서비스 담당자의 논리를 깨는 것 자체가 목적인 사람이 늘고 있어 상황을 더욱 힘들게 합니다.

업종 불문, 갑질 고객 완전 격퇴 매뉴얼

한때 저는 매뉴얼 무용론자였습니다. 많은 기업에서 과거의 사례를 바탕으로 클레임 대응 매뉴얼을 만들고 있고, 그중에는 수십 페이지에 걸쳐 상황별 모범 답변을 훌륭하게 정해놓은 경우도 많습니다. 그런데도 모두 유용하게 활용되고 있지는 못합니다. 과거의 사례를 바탕으로 만든 매뉴얼에 지나치게 의존하면 매뉴얼에 나와 있지 않은 상황에는 대처하지 못하게 됩니다. 또 고객이 불만을 쏟아내는 자리에서 매뉴얼을 일일이 들춰볼 겨를도 없고, 두꺼운 매뉴얼을 모두 암기하는 것도 현실적이지 않습니다.

앞서 살펴본 사회적 흐름과 이러한 상황을 바탕으로, 업종을 불문하고 고객 응대 현장에서 불거지는 모든 불만 사항에 대해 불합리한 요구를 근절할 수 있는 '완전 격퇴 매뉴얼'이 필요하다는 생각이 들었습니다. 제게 상담을 받으시는 분들의 업종은 무척 다양합니다. 금융, 식품 제조, 수입품 판매, 인터넷 서비스, 소매, 자동차 제조, 출판, 자동차 렌

트부터 통신 기기, 부동산, 의약품, 건설·도로 포장, 철도, 전기 관련 업종을 비롯해 후생노동성, 경제산업성, 상공회의소와 같은 행정·공공단체까지 다방면에 걸쳐 있습니다. 거의 모든 직업 현장이 고객 불만 문제로 골머리를 앓고 있다는 말입니다.

이 책에서는 정해진 상황에만 대응 가능한 임기응변식 방법이 아니라 모든 고객 불만을 관통하는 원리와 원칙을 전하고자 합니다. 20년간 현장 경험을 통해 직접 쌓은 노하우를 여러 사례를 바탕으로 남김없이 소개하겠습니다. 핵심을 이해하면 업종을 불문하고 모든 고객 불만을 극복할 수 있습니다.

분노한 고객이 불만을 토로하는 긴박한 상황에 제대로 대응하기 위해서는 기술뿐 아니라 마음가짐도 중요합니다. 특히 합리적인 고객과 갑질 고객을 구분하고, 갑질 고객의 불합리한 요구를 거절하는 용기를 기르기 위한 마음가짐도 언급했습니다. 고객을 상대해야 하는 직종에 계신 모든 분들이 이 책의 내용을 이해하고 실천함으로써 업무 현장의 불안감이 해소되면, 조직 전체에 긍정적인 분위기가 조성돼 직원의 만족도가 높아지고 이직률이 낮아질 것입니다. '고객 불만 대응'이라는 위기관리 능력이 튼튼하게 뒷받침되어야 비로소 '고객 만족'을 추구할 수 있는 여건이 마련될 것입니다.

이 책의 구성

이 책의 구성은 이렇습니다.

프롤로그에서는 클레임 현장의 최신 경향을 살펴봅니다. 오늘날 고객 서비스 담당자를 가장 힘들게 하는 사람은 손해 보상을 노린 악의적인 고객이 아니라 평소에는 선량한 시민인 '대중 몬스터'입니다. 이 점을 먼저 파악하는 일이 중요합니다.

1장에서는 불합리한 요구를 끊어내는 철칙을 소개합니다. 고객 불만이 발생한 직후의 초기 대응책부터 골치 아픈 불만을 수습하는 원리와 원칙을 차례차례 소개합니다. 갑질 고객의 기세에 휘둘려 어떻게 대응해야 좋을지 모르는 상태로 계속 시간을 빼앗기다 보면, 당황한 직원이 실수를 범해 2차 고객 불만을 유도하는 경우가 적지 않습니다. 이럴 때 고객 불만의 기본 흐름을 인지하고 있으면 여유를 갖고 고객을 대할 수 있습니다.

2장에서는 불합리한 요구를 끊어내는 현실적인 대화법을 살펴봅니다. 현장에서 곧바로 사용할 수 있는 표현들을 담았습니다. 목적과 효과를 충분히 이해한 뒤에 활용해보세요.

3장에서는 고객 불만의 마지막 단계에서 취할 수 있는 대처법을 소개합니다. 불만을 토로하는 고객 중에는 아무리 마음을 다해 응대해도 납득하지 않으려는 고객이 있는가 하면, 손해 보상을 노리는 악질 고객도 있습니다. 이들을 다루는 가장 효과적인 방법은 내버려두는 것입니다. 그 구체적인 방법을 소개합니다.

　에필로그에서는 갑질 고객을 효과적으로 응대할 수 있는 시스템을 성공적으로 마련한 기업의 사례와 고객 불만을 미리 방지하는 습관, 직원들의 스트레스 면역력을 높이는 마음 훈련법을 살펴봅니다.

　이 책이 고객을 응대하는 직종에 몸담고 계신 모든 분들께 도움이 되어 원활한 업무에 일조할 수 있게 되기를 진심으로 바랍니다.

해 흔들리지 않는다 | 집요한 갑질 고객은 혼자 응대하지 않는다

2장 _ 불합리한 요구를 끊어내는 말하기의 기술

3장 _ 말이 통하지 않는 고객을 물리치는 최종 방법은 '방치'

프롤로그

말도 안 되는
클레임 현장의
최전선

클레임 수준을
넘어선 갑질

5만 명을 궁지에 몬 어처구니없는 클레임

제 손에 보고서 한 권이 있습니다. 일본 최대 규모의 노동조합인 UA 젠센(일본 전국 섬유 화학 식품 유통 서비스 일반 노동조합 연맹)이 2017년 10월에 발행한 〈악질 고객 대책(민폐 행위) 관련 설문조사 결과 속보판〉입니다. 이 보고서는 첫 장에서 이렇게 경종을 울리고 있습니다.

"유통 및 서비스 업종에 종사하는 노동자가 소비자에게 부당한 요구를 받아 업무에 차질이 생기고 큰 스트레스를 받는 사례가 끊이지 않고 있다. 소비자의 부당한 요구는 갑질의 새로운 영역으로 큰 사회문제가 되었다."

언론에서 이따금 거론되었던, 일부 소비자의 자기중심적이고 불합리한 요구가 사회문제로 떠오른 것입니다. 바로 '갑질'입니다. 성희롱이나 직장 내 갑질과 마찬가지로 고객 갑질도 사회문제가 된 것입니다. 이 보고서에는 5만 명 이상의 고객 서비스 관련 유통 부문 조합원의 응답을 토대로 한 고객 불만 실태가 담겨 있습니다. 전에 없이 큰 규모로 이루어진 실태 조사입니다. 조사 결과는 제가 평소 피부로 느꼈던 것과 별반 다르지 않습니다. 고객 응대 현장에서 느끼는 어려움이 숫자로 여실히 드러나 있습니다.

"고객의 갑질 때문에 약 90퍼센트가 스트레스를 받는다."

"고객 불만을 수습하기 위해 '끊임없이 사과했다'거나 '아무것도 하지 못했다'는 사람이 40퍼센트를 넘었다."

"약 50퍼센트가 '갑질 행위가 늘고 있다'고 생각한다."

현장의 비통한 목소리도 생생하게 담겨 있습니다.

"상품이 있는 곳까지 안내하니 왜 이렇게 멀리까지 오게 하느냐며 '모자란 놈, 그만둬! 옷 벗어!'라고 호통을 쳤다."

"상품의 재고를 묻기에 재고가 없다고 말하니 '장사하기 싫구나. 내가 점장이었으면 넌 해고야!'라며 화를 냈다."

"반찬 금액이 틀렸다고 해 확인하고 오겠다고 하니 감히 손님을 기다리게 한다며 3시간 동안 설교를 들었다."

"손님이 구매한 식칼의 사용감이 안 좋다며 반품 요청을 해와 처리했더니 '비싼 돈 주고 샀는데 잘 썰리지 않잖아!'라며 내 얼굴 바로 옆에 식칼을 들이댔다."

"불량 상품을 환불해주면서 정중히 사과했는데 사과를 받아주지 않아 결국 무릎 꿇고 사과했다."

이외에도 인격을 모독하는 발언을 하거나 같은 말을 무한 반복한 사례, 권위적인 태도로 설교하고 위협하고 협박한 사례, 오랜 시간 붙잡아둔 사례 등이 보고되고 있습니다. 또 최근 급증한 SNS와 블로그를 통한 비방 등 다양한 고객 불만 사례가 담겨 있습니다.

악질 고객 때문에 퇴사자 속출, 기업은 인력 부족으로 도산

고용 안정과 노동 여건 향상을 위해 노력하는 노동조합의 입장에서 갑질은 더는 피할 수 없는 문제가 됐습니다. 갑질이 노동자 개인에게 엄청난 스트레스를 주고 때로 정신질환까지 유발하기 때문입니다. 갑질은 기업 경영에도 중대한 위협 요소가 됐습니다. 갑질 고객을 응대하느라 직원들이 피로감을 느끼면 일반 고객에 대한 서비스의 질도 낮아질 수밖에 없습니다.

또 직장 내 스트레스가 심해지면 이직률이 높아져 기업 입장에서는 인력 확보가 어려워집니다. 실제로 갑질 고객으로 인해 인력이 빠져나가 도산한 기업도 있습니다. 지금까지는 기업 경영 리스크라고 하면 고용과 노동 문제를 첫째로 꼽았지만, 이제는 갑질 대응 문제까지 더해져 일본에서는 인력난이 더욱 심해지고 있습니다. 이와 관련한 한 가지 사례를 소개하겠습니다.

(#) 슈퍼마켓 사례

교외에 있는 한 슈퍼마켓은 매일 클레임에 대응하느라 여념이 없었다.

한 남성 손님은 방문할 때마다 불평을 늘어놓았다. 혼잡한 저녁 시간대에 손님들이 계산대 앞에 길게 줄을 서 있으면 줄 선 내내 계산대 직원을 향해 "왜 이렇게 굼떠!" 하고 소리를 쳤다. 계산을 마치고도 "거스름돈을 왜 이따위로 줘!" 하고 장바구니나 동전을 던지기 일쑤였다.

또 한 중년 여성은 "왜 인사 안 해!"라며 근처에 있는 직원을 호되게 꾸짖었고, 어떤 노인은 자신이 좋아하는 상품이 보이지 않으면 "왜 안 갖다놔? 당장 거래처에 전화해!"라고 터무니없는 요구를 했다. 그런가 하면 신선 식품 매장에서 요리법을 물어봤는데 직원이 대답을 얼버무렸다는 이유로 "책임자 불러! 당신은 공부 좀 해야겠어!" 하고 화를 내는 주부도 있었다.

이렇게 고객이 불만을 제기하거나 문제가 발생할 때마다 매장 안을 이리저리 뛰어다니는 사람은 30대 초반의 검수 담당자였다. "죄송합니다"라는 말은 어느덧 그의 입버릇이 되었다. 환한 미소로 "감사합니다!"라고 인사했던 입사 시절을 떠올리면 눈물이 쏟아질 것 같았다. 그러던 어느 날 그가 사표를 냈다. 점장은 만류했지만 그는 이미 한계를 느끼고 있었다. 팽팽하던 긴장의 끈이 끊어지면서 마음이 무너진 것이다.

그 후 현지에서 채용한 임시 직원들이 줄줄이 이 슈퍼마켓을 그만뒀다. 열정적인 업무 태도로 부하 직원들의 두터운 신뢰를 받았던 검수 담당자의 빈자리를 본사에서 파견 나온 베테랑 직원이 채우며 다시 활력을 불어넣고자 했지만, 아르바이트 모집 공고를 붙여도 인력은 좀처럼 충원되지 않았다. 지역 밀착형 슈퍼마켓인 만큼 근무 환경에 대한 입소문이 쉽게 퍼졌기 때문이다.

"그 슈퍼마켓에서 일하던 아르바이트 직원들 대다수가 퇴사한 모양이던데?"

"검수 담당자 혼자 애쓰느라 스트레스가 너무 컸나 봐."

결국 이 슈퍼마켓은 검수 담당자를 비롯한 퇴사자들의 빈자리를 메우지 못해 폐점 위기에 몰렸다.

고객 불만 대응 업무를 진두지휘하던 사람이 그만둔 후 다른 직원들도 잇따라 퇴사하는 일은 유통업이나 서비스업뿐 아니라 다른 업종에서도 드물지 않습니다. 고객 불만 응대를 오로지 현장 또는 개인에게 맡기는 기업이 많기 때문입니다. 근로 시간을 단축하는 등 근무 환경을 개선하는 것도 중요하지만, 이에 못지않게 중요한 것이 클레임을 기업 차원에서 처리하는 일입니다. 고객 클레임에 일대일로 대응하는 직원들의 '소리 없는 비명'에 귀 기울이지 못하면, 기업 경영에 큰 타격을 입을 수밖에 없습니다.

모두가 나서야 할 때

UA젠센은 악질 고객이 '업무 의지를 낮추고 일손 부족을 초래한다', '판매 기회를 빼앗고 대응 비용을 증가시켜 노동자 임금의 원천인 기업의 이익에 손해를 끼친다'며 사업자를 대상으로 조치 의무 법제화를 요구하고, 악질 고객에 대한 제압과 추방을 위한 활동을 펼치고 있습니다.

이러한 가운데, 일본 후생노동성은 〈직장 내 갑질 문제에 대한 관련자 검토회 보고서〉(2018년 3월 제시)에서 처음으로 갑질 고객에 대해 언급하며 이런 의견을 담았습니다.

"고객이나 거래처가 주로 보이는 민폐 행위는 직장 내 갑질 문제와 유사성이 있다."

"사업주에게 대응을 요구하는 것 외에도 주지와 계도를 통한 사회 분위기 조성이 필요하다."

"갑질 고객, 진상 고객이라는 용어와 내용을 알리는 것이 유효하다."

원래 이 검토회는 근로 방식 개선의 일환으로 마련된 것입니다. 악질 클레임에 대해 논의하고 한발 나아가 이를 '갑질'이라 부를 것을 제안한 일은 획기적이라 할 수 있습니다. 그만큼 갑질이 사회문제가 되고 있습니다. 그러나 법 규제와 제도 혹은 계도 활동만으로는 눈앞에 닥친 갑질 문제를 해소할 수 없습니다. 직원의 정신건강은 나 몰라라 한 채 근로 시간만 연장할 것이 아니라, 인력 부족을 유발하는 갑질 문제에 대해 한시라도 빨리 실효성 있는 대책을 세워야 합니다. 다시 말해, 고객 서비스 담당자 개인이 요령을 쌓는 동시에 기업 차원에서도 조직적으로 대응하는 체계를 만드는 일이 중요합니다.

이것이 제가 이 책을 쓴 가장 큰 목적입니다.

클레임 현장에는 갑질 문제
이전에 노인 문제가 있다

노인은 왜 몬스터가 됐을까?

교사에게 과잉 대응을 요구하는 '몬스터 학부모', 의사와 간호사를 위협하는 '몬스터 환자' 등 여러 분야에서 갑질 문제가 거론되고 있습니다. 특히 지금 일본에서는 몬스터가 된 노인, 이른바 실버 몬스터가 큰 사회문제입니다.

《범죄 백서》(2017년 판)에 따르면, 2016년 형법을 위반해 검거된 사람 중 65세 이상의 고령자가 전체의 20.8퍼센트로 다른 연령대에 비해 유독 큰 비중을 차지했습니다. 특히 폭행으로 검거된 노인의 비율은 20년 전보다 40배나 증가했습니다. 폭력 사건과 갑질 문제를 동일시할 수는 없지만, 저는 그 병폐의 뿌리가 연결되어 있다고 생각합니다. 몇 가지 사례를 소개하겠습니다.

(#) 병원 사례

"우리 손자에게 무슨 일이 생겼으면 어쩔 뻔했어! 책임자 불러!"

70대쯤 되어 보이는 남성이 병원 대기실에서 느닷없이 소리를 질렀다. 그 옆에는 어린아이가 울먹이며 엄마 품에 안겨 있었다. 젊은 직원이 허둥지둥 달려와 물었다.

"괜찮으십니까?"

"괜찮을 리가 있어? 애가 울잖아!"

남성은 계속 목소리를 높였다. 아이는 정기 검진을 받으러 병원에 왔고 특별히 어디가 아픈 것은 아니었다. 대기실을 돌아다니다 넘어진 것이 화근이었다. 그러나 겉으로 보이는 상처는 없었고, 남성이 고함을 지르는 동안 울음도 이미 그친 상태였다. 그런데도 남성은 여전히 직원의 멱살을 잡을 듯한 기세였다. 직원은 어쩔 줄 몰라 당황할 뿐이었다.

이 남성은 왜 이렇게 화를 냈을까요? 손자와 딸을 데리고 병원에 온 남성은 가족들이 자신에게 의지하는 사실 자체에 만족감을 느끼고 있었습니다. 그래서 손자가 울음을 터뜨린 상황을 받아들이지 못한 것입니다.

건강 관련 상품을 취급하는 기업 역시 자신의 건강에 불안감을 느끼는 노인들의 불만에 노출되기 쉽습니다.

#️⃣ 식품 통신판매업체 사례

통신판매로 건강보조제를 구매한 할아버지가 불만을 토로했다.

"하루에 네 알씩 먹으라며! 근데 왜 20일도 안 지났는데 벌써 하나도 없어?"

콜센터 직원은 할아버지의 구매 이력을 확인한 뒤 설명하기 시작했다.

"어르신, 구매하신 보조제는 몸이 안 좋으실 때만 드시는 거예요. 한 병이 꼭 한 달 치라는 말은 아니에요."

할아버지는 순간 멈칫하더니 곧 이렇게 반박했다.

"내가 이거 댁들한테 전화해서 물어보고 산 건데, 분명히 한 달 치라고 했단 말이야."

어떻게 대답해야 할지 알 수 없어진 직원은 상사에게 도움을 요청했다.

이 사례는 할아버지의 오해에서 비롯되었지만, 건강보조제에 거금을 치른 만큼 할아버지는 자신의 잘못을 인정할 기미가 없었습니다.

그런가 하면 몬스터 학부모가 된 할아버지의 이야기도 있습니다.

⊕ 초등학교 사례

고희를 앞둔 할아버지가 있었다. 그는 젊은 시절 자녀의 운동회에 한 번도 참석하지 못할 만큼 일에 매진하며 살았다. 그러다 퇴직 후 여유가 생기면서 초등학생 손자를 돌보게 됐다.

"우리 아이가 중학교 입시를 준비하는데, 성적이 잘 오르지를 않아요. 학원에도 보내고 있는데, 혹시 학교 수업에 문제가 있는 건 아닙니까?"

할아버지가 교장실에서 교감 및 담임 선생님과 마주앉아 입을 열었다.

"기본적으로 학습 지도 요령에 따라 각 학생들에 맞게 지도하고 있습니다. 얼마 전 학부모님을 모시고 3자 면담에서 차분히 말씀드렸습니다."

담임 선생님이 대답하자 할아버지는 미간을 찌푸리며 뒷북을 쳤다.

"3자 면담에서는 무슨 이야기를 나눴습니까? 자세히 알려주세요."

담임 선생님은 어쩔 수 없이 진로 지도 내용을 다시 설명했다. 그러나 할아버지와는 대화가 통하지 않았다. 할아버지가 교장실에 들어온 지 벌써 한 시간이 지났다. 결국 교감 선생님이 "곧 직원회의가 시작되니까 오늘은 여기까지 하시죠"라고 면담 종료를 재촉했지만, 할아버지는 조금도 개의치 않았다.

"아뇨, 이야기가 아직 안 끝났습니다. 우리 아이의 미래가 걸려 있어요! 이런 교육으로는 안 됩니다!"

지혜롭고 현명해야 할 노인이 왜 이렇게 제멋대로이고 불합리한 행동을 하는 것일까요? 소외감, 고독감, 초조함이 분노의 화약고가 되었기 때문입니다.

실버 몬스터 중에는 외로운 분들이 적지 않습니다. 퇴직 후에도 자신의 가치를 인정받고 싶지만, 이야기를 들어줄 동료와 부하 직원이 없고 가족으로부터 소외당한 경우도 있습니다. 그 충족되지 않은 인정 욕구가 갑질이라는 형태로 부풀어 오르는 것입니다.

논하기를 좋아하는 단카이 세대를 조심하자

'2025년 문제'라는 말을 아십니까? 2025년에는 단카이 세대가 75세를 넘어 후기 고령자가 되고, 일본 국민 3명 중 1명이 65세 이상, 5명 중 1명이 75세 이상이 되는 초고령 사회를 맞이합니다. 이에 따라 간호와 의료에 필요한 사회보장비가 급증할 것이라는 우려가 있습니다.

고객 서비스 현장에서는 이러한 위기와 혼란을 예견이라도 하듯 단카이 세대가 갑질 고객의 주요 세대로 떠오르고 있습니다. 이른바 '단카이 몬스터'는 치열한 경쟁 사회에서 진취적으로 일하며 몸에 익힌 협상력을 무기 삼아 상대방을 논파하려는 것이 특징입니다. 특히 학창 시절 운동권에서 활약했던 사람, 높은 이상을 갖고 사회와 정치에 관심을 기울인 사람은 자신의 삶에 대한 자부심과 자긍심이 강해 정론을 펼치거나 설교를 늘어놓는 일이 잦습니다. 그들의 목적은 돈을 뜯어내는 것이 아니며, 그들이 반드시 악의를 갖고 불만을 제기하는 것도 아닙니다. '선의'로 설교합니다. 그들은 은퇴 후 마음 둘 곳을 잃어 우울감에 휩싸여 있기 때문에 사소한 계기로 폭발할 수도 있습니다. 따라서 고객 서비스 담당자는 그들을 대응하는 일에 고심할 수밖에 없습니다.

(#) 식품 제조사 사례

식품 회사에서 부장직까지 올랐던 68세 남성. 재직 중 품질관리를 위해 ISO 규격을 도입하는 등 나름대로 활약한 인물이었다. 위생 관리에 정통하고 늘 활기차게 일했지만, 잔소리가 심한 성격 탓에 그를 존경하는 부하 직원은 많지 않았다. 그랬던 그가 몇 년 전 퇴직한 뒤 식품업계의 실버 몬스터로 존재감을 드러냈다.

"댁네 회사가 만든 반죽 제품을 샀는데, 머리카락 같은 게 들어 있네요."

식품 제조사 입장에서 가장 골치 아픈 클레임이 식품 속에서 이물질이 나왔다는 말이다. 그는 고객 서비스 담당자를 자신의 집으로 불러 상황을 설명하게 했다.

"귀사에서는 어떤 위생 규격을 기준으로 식품을 제조합니까? 검사 방법은요?"

그는 부드러운 말투로 질문했고, 담당자의 설명을 들은 뒤에는 "그렇군요" 하며 잘 알겠다는 듯 맞장구를 쳤다. 그러나 대화가 일단락되자 태도가 돌변했다.

"위생 관리를 제대로 하고 있다면서 어떻게 이런 게 들어갈 수 있습니까?"

고객 서비스 담당자가 위생 관리 전문가가 아니라는 점을 무시한 막무가내식 질문이었다. 담당자는 남성이 구매한 제품을 가지고 돌아가 이물질이 무엇인지 확인한 뒤에 이물질이 들어간 경로를 규명하겠다는 뜻을 밝혔지만, 남성은 이를 거절했다.

"이물질 검사는 제가 알아서 하면 됩니다. 그보다 귀사의 ISO 규격과 검사 빈도, 수준을 기록한 문서가 있겠죠. 우선 그걸 보여주세요. 그걸 보면 이물질이 섞인 원인을 명백하게 알 수 있을 겁니다."

고객 서비스 담당자는 이 남성이 무엇을 요구하는지조차 알 수 없었지만, 이물질이 섞인 원인을 밝히는 일을 고객에게 맡길 수는 없었다.

"회사 입장에서도 심각한 문제이므로 철저하게 조사하고 싶습니다. 부디 구매하신 제품을 가져갈 수 있게 도와주십시오."

잠시 실랑이가 벌어졌지만, ISO 규격을 비롯한 자료들을 제공하는 조건으로 남성은 마지못해 승낙했다.

"그럼 절반만 가져가세요."

그리고 남성의 장광설이 시작됐다.

"나는 당신네 회사를 생각해서 이러는 거예요. 내가 직접 검사하면 귀사에도 도움이 됩니다. 비용과 시간을 절약할 수 있으니까요. 이번 기회에 귀사의 위생 관리 시스템도 정밀히 조사해보시고요. 내가 다른 걸 바라는 게 아닙니다."

남성과 식품 제조사는 각각의 검사 기관에 제품을 제출했다. 고객 서비스 담당자는 '대체 이 남성의 목적은 뭘까?' 하고 고개를 갸웃거리면서도 가슴을 쓸어내리며 안심했다. 그런데 이야기는 여기서 끝이 아니었다. 며칠 뒤, 남성은 새로운 제안을 했다.

"검사 결과가 나왔는데, 이걸 가지고 귀사의 공장을 견학하고 싶습니다. 귀사를 위해서 재발 방지에 도움을 주려고 그러는 거예요."

고객 서비스 담당자는 다시 골머리를 앓게 됐다.

퇴직 후 고립감에 휩싸인 이 남성은 젊은 시절에 익힌 전문 기술을 사회에서 활용하지 못하게 되자 다소 거북한 형태로 자신의 존재감을 드러내려 했습니다. 이 남성뿐 아니라, 젊은 시절에 잘나갔거나 주변 사람에게 크게 인정받았던 사람이 은퇴 후에 옆집 아저씨 취급을 당하게 되면서 소외감을 느끼는 일은 많습니다. 이로 인해 결과적으로 분노가 폭발합니다. 단카이 세대 갑질 고객은 주로 "진열 방법을 좀 연구해봐!", "손님을 대하는 태도가 글렀어", "안전 대책에 소홀하면 돼?"라며 기업에 불만을 토로하지만, 이들의 심리에는 소외감과 분노가 깔려 있는 경우가 적지 않습니다.

실버 몬스터의 끈질긴 불만 제기는 결국 고객 서비스 담당자를 무릎 꿇게 합니다. 앞의 사례에서는 고객 서비스 담당자가 "저희 회사에서는 일반인에게 공장을 공개하지 않습니다"라며 남성의 제안을 거절하자, 남성은 적의를 드러내며 "당신네 회사는 고객 제일도 몰라? 홈페이지에 좋은 말은 다 갖다 써놨던데, 전부 거짓말이었어?"라며 격노했습니다. 이러한 고객을 대처하는 방법은 뒤에서 자세히 다루겠습니다. 분명한 사실은 정의감으로 무장한 고객과 맞서야 할 때 고객 서비스 담당자가 받는 스트레스는 어마어마하다는 것입니다.

클레임의 주인공은
평범한 시민이다

대중 몬스터의 시대가 왔다

지금까지 클레임 현장을 갑질과 실버 몬스터라는 두 가지 키워드로 살펴봤습니다. 이쯤에서 오늘날의 고객 불만 실태를 살펴봅시다.

최근 들어 악질 고객을 식별하기가 매우 어려워졌습니다. 불만을 제기하는 고객의 특징과 목적이 천차만별이고 수법도 다양하기 때문입니다. 과거에는 악질 고객이라고 하면, 조폭 출신이나 깡패들이 손해 보상을 노리고 트집을 잡는 경우가 대부분이었습니다. 제기되는 불만의 속성과 목적이 비교적 뚜렷했습니다. 그러나 요즘은 이런 '직업적 악질 고객'은 찾아보기 힘듭니다. 일본에서 1992년에 폭력단 대책법이 시행된 이후, 클레임을 빌미로 금품을 요구하거나 이익을 취할 수 없게 되었기 때문입니다. 누가 봐도 조폭이 타고 있음을 알 수 있었던 고급 세단이 거리에서 자취를 감춘 것도 이즈음입니다.

그런 한편에서 일반 시민이 몬스터가 됐습니다. 실버 몬스터가 그 전형입니다. 원래는 선량한 시민이었던 사람들이 사기꾼이 취할 법한 행동을 하거나 상식적으로 받아들일 수 없는 불합리한 요구를 무리하게 들이밀기 시작했습니다. 이른바 '대중 몬스터'는 험악하게 생긴 조폭과 달리 외모로 구별할 수 없기 때문에 무방비 상태에서 정신력을 소모시킵니다.

최근 몇 년간 일본 형법범 인지 건수는 감소 추세에 접어들었고, 2016년에는 45년 이후 처음으로 100만 건을 밑돌았습니다(《경찰 백서》 2017년 판). 이 통계만 보면 치안 상황이 나아진 것 같지만 일상에서 체감하기는 어렵습니다. 오히려 체감치안(피부로 느끼는 치안 상태)은 악화했다는 목소리도 있습니다. 지극히 사소한 동기로 발생하는 흉악범죄가 끊이지 않기 때문입니다.

전직 경찰이었던 저도 놀랄 정도입니다. 과거에 흉악범죄라고 하면 조폭 간의 세력 다툼이나 치정 또는 금전 문제로 인한 범죄가 대부분이었습니다. 그러나 요즘은 일반인이 사소한 이유로 한순간에 폭발해 폭력과 살인을 저지릅니다. 고객 서비스 담당자가 대중 몬스터와 대치할 때도 이와 비슷한 공포를 느낄 것입니다.

전형적인 악질 고객의 8가지 목적

그렇다면 대중 몬스터의 목적은 무엇일까요? 대표적인 요구 사항은 8가지입니다.

- 결함이 있는 상품이나 서비스에 대해 실제 금액보다 많은 금액을 보상하라고 요구한다.
- 자신의 과실을 숨기거나 꼼수를 써 불합리한 반품을 요구한다.
- 정신적인 피해를 보았다며 위자료나 피해 보상금을 요구한다.
- 직원의 서비스 태도를 문제 삼으며 해고하라고 요구한다.
- 자기만 특별대우할 것을 요구한다.
- 실현 불가능한 업무 개선 및 시정 조치를 요구한다.
- 과실에 대해 공개적으로 사과하라고 요구한다.
- 사죄하는 의미로 무릎을 꿇으라고 요구한다.

불만을 제기할 때 요구한 것과 실제로 원하는 것이 다른 경우도 있습니다. 기업과 싸우고 있다는 사실 자체에 만족감을 느끼거나 담당자를 난처하게 하는 상황에서 쾌감을 느끼는 일도 있습니다. 심지어 대화할 사람이 필요해서 고객 서비스 담당자와 실랑이를 벌이기도 합니다. 모두 불만을 제기하는 것 자체가 목적입니다.

대중 몬스터에 대응하기 어려운 이유는 그들이 원하는 것을 이해하기 어렵기 때문입니다. 오늘날 클레임 현장의 주인공은 단연 대중 몬스터입니다. 이 책에서는 합리적인 요구를 하는 고객과 갑질 고객을 구별하는 방법을 소개합니다. 이에 앞서 대중 몬스터가 탄생한 배경을 살펴보겠습니다.

클레임을 걸며 스트레스를 푸는 사람들

대중 몬스터가 맹위를 떨치게 된 배경에는 다양한 사회적 요인이 있습니다. 먼저 사회에 퍼져 있는 불평등 의식이 갑질의 온상이 되고 있습니다. 자신이 사회적으로 낮은 계급에 속한다고 생각하는 사람 중에는 타인을 질투하며 불만을 쌓다가 그 불만을 클레임이라는 방식으로 발산하는 사람도 있습니다. 업무와 일상에서 받은 스트레스를 클레임으로 푸는 사례도 최근 들어 증가하는 추세입니다. 심지어 지나친 배려가 클레임으로 연결되기도 합니다.

예를 들어 몬스터 학부모는 자녀 교육에 대한 강렬한 의지를 교육 방식에 대한 클레임으로 드러낸다고 볼 수 있습니다. 또 자신이나 가족의 건강에 대한 불안감이 커진 나머지 폭력을 행사하는 몬스터 환자도 있습니다. 병원 대기실에서 손자가 우는 모습을 보고 격분한 실버 몬스터도 이와 비슷한 경우입니다.

과잉 배려의 대상이 반드시 사람인 것은 아닙니다. 이를테면 세상을 떠난 남편과의 추억이 깃든 물건이나 어머니가 물려주신 유품과 똑같은 제품이 매장 진열대에 없거나 혹은 파손되어 있다는 이유로 클레임을 거는 소비자도 있습니다.

엄청난 스트레스를 받는다는 점에서는 고객이 제기하는 불만 사항을 귀담아들어야 하는 고객 서비스 담당자도 예외가 아닙니다. 저는 강연과 세미나를 마친 뒤 친교의 기회를 갖는 것을 좋아하는데, 한번은 기대했던 술자리가 한순간에 싸해진 적이 있습니다. 제 세미나를 들은 고객 서비스실 직원이 술자리에서 종업원에게 "맥주를 왜 이렇게 줘?", "음식 좀 빨리 가져와!" 하고 갑질 고객과 다를 바 없는 행동을 했기 때문입니다.

이 책의 첫머리에서 소개한 UA젠센 보고서에서도 "자신의 행동을 돌아보자!"라고 호소하고 있습니다. 낮에는 갑질을 당하고 밤에는 갑질을 하는 갑질의 연쇄가 일어나고 있습니다.

대중 몬스터가 횡행하는 또 한 가지 요인으로 빼놓을 수 없는 것이 인터넷입니다. 인터넷의 보급으로 개인은 강력한 정보 발신 도구를 손에 넣어 혼자서도 조직에 압력을 가할 수 있게 되었습니다. 대중 몬스터는 인터넷으로 꼼꼼하게 사전 조사를 한 뒤 불만을 제기합니다. 대응하는 쪽은 선수를 빼앗기고 궁지에 몰리기 쉽습니다. 한 기업의 총무 담당자는 이렇게 한탄합니다.

"우리 회사 홈페이지를 꼼꼼하게 확인한 뒤 부족한 부분만 골라 질타합니다. 괴롭히려는 것으로밖에 생각되지 않죠."

기업이나 단체는 이해관계에 있는 당사자에게 제품 혹은 사안에 대해 설명할 사회적 책임이 있습니다. 그런 차원에서 홈페이지를 통해 다양한 정보를 제공하는 것입니다. 반면 개인정보에 대한 접근은 개인정보 보호 차원에서 엄격하게 제한되어 있습니다. 이렇게 개인과 기업 사이에는 엄연한 정보 격차가 존재합니다.

다른 소비자와 연대해 "소비자 전체에 대한 배신 행위다!"라며 공격하는 일도 있습니다. SNS가 널리 퍼진 오늘날에는 이 경향이 한층 강해지고 있습니다. 클레임 내용이 SNS를 통해 퍼질지 모른다는 공포와 불안은 기업 경영자와 고객 서비스 담당자에게 매우 큰 부담이 됩니다.

뉴스가 갑질 고객을 늘린다

인터넷을 통해 일부 갑질 고객 사례가 널리 알려지면서 "가만히 있으면 손해 본다", "불만을 말해야 혜택을 준다"라며 기업이나 관공서에 클레임을 거는 사람이 늘고 있습니다. 다음 사례는 정보에 민감한 대중 몬스터가 언론 보도와 인터넷 정보를 바탕으로 불만을 제기한 경우입니다.

⊛ 동네 마트 사례

"거기서 산 새우에 벌레가 붙어 있던데요."

한 동네 마트에 이런 전화가 걸려왔다.

전화를 건 사람은 초로의 남성. 목소리에서 분노가 느껴지기는커녕 오히려 차분했다.

"파티를 준비하려고 어제 그 마트에서 새우를 샀는데, 봉투를 뜯어보니 갈색 벌레가 붙어 있더라고요. 다들 기대하고 있다가 실망했어요. 어떻게 하실 거예요?"

"죄송합니다. 그럼 일단 상품을 확인한 뒤에 보상 방법에 대해 이야기 나누시면 어떨까요?"

그날 밤, 점장은 사과하기 위해 남성의 자택을 방문했다. 반품에 대비해 제품 금액에 해당하는 현금도 준비해 갔다. 그런데 거실에 들어선 점장의 눈에 들어온 것은 지금까지 한 번도 본 적 없는 곤충이었다. 한눈에 봐도 새우에 붙어사는 곤충은 아니었다. 점장은 일단 상품을 가지고 돌아가 확인해보겠다고 말했다. 돌연 남성의 표정이 험악해졌다.

"무슨 태도가 그래요? 환불은 당연한 거고, 손해 보상을 해야 할 것 아니에요! 음식에서 벌레가 나와서 큰일 날 뻔했다고요. 온 동네에 전단이라도 뿌려줘요?"

남성은 통화 때와 달리 고함을 질렀다. 며칠 뒤, 점장은 "벌레는 새우에서 나온 것이 아니다"라는 내용의 검사 보고서를 들고 재차 남성의 집을 방문했지만 그는 받아들이지 않았다.

나는 그 남성에게 전화를 걸어 이런 취지를 전했다.

"점장의 재량으로 3,000엔 상당의 쿠폰을 드리겠습니다만, 손해 보상은 불가합니다."

"더 많은 것을 요구하신다면 본사 차원에서 대응하겠습니다."

"변호사 및 경찰과는 이미 논의가 끝났습니다."

남성은 그제야 폭주를 멈췄다.

제가 이 건으로 상담 요청을 받은 때는 마침 식품에서 이물질이 나온 사건이 잇달아 터진 시기였습니다. 언론마다 연일 대대적으로 보도하는 뉴스를 보면서 남성은 어쩌면 새우에 실제로 벌레가 들어갔다고 생각했을 수도 있습니다. 잘하면 손해 보상을 받을 수 있겠다는 생각도 했겠죠. 실제로 클레임 발생 빈도는 언론 보도 및 입소문이 전하는 정보의 양과 상관관계가 있습니다. 식품 원산지 위조 문제로 언론이 시끄러웠던 시기에는 재료의 원산지와 유통기한을 의심하는 불만 제기가 잇따랐고, 붉은불개미 소동이 일었을 때는 캔커피 속에 개미가 들어 있다는 클레임이 이어졌습니다.

고객 만족과 위기관리를
동시에 추구하라

서비스 질이 향상되면 갑질 고객이 증가한다

많은 기업이 '손님은 왕, 고객의 의견은 보물'이라는 고객 제일주의를 채택합니다. 고객의 의견은 분명 서비스 질 향상과 상품 개발에 도움이 됩니다. 그러나 고객 만족주의를 역이용하는 막무가내식 고객이 있는 것도 사실입니다. 기업이 노력을 기울여 제품의 성능과 서비스를 향상시키고 세상이 편리해질수록, 소비자의 기대치가 높아져 갑질 고객이 증가합니다. 예를 들어 보증기간이 지난 제품을 무료로 수리해달라고 제조사에 요구하는 사람도 적지 않습니다.

"구매한 지 10년밖에 안 됐는데 스위치가 안 눌러져요. 거금을 들여 샀으니 그쪽에서 책임지고 수리해요!"

그런가 하면 기다리라는 말에 예민하게 반응하는 사람도 늘고 있습니다.

"이 상품 언제 도착합니까? 모레요? 요새 그렇게 해서 장사가 됩니까?"

입바른 소리로 직원을 질책하는 '신사'도 있습니다.

"거스름돈은 머니트레이에 놔야지. 지폐는 가지런하게 앞뒷면을 맞춰서 주는 게 예의고!"

모두 슈퍼마켓이나 편의점 계산대에서 볼 수 있는 광경입니다. 고급 호텔에서 체크아웃을 하는 경우라면 몰라도 줄이 긴 상점에서는 통하지 않는 과잉 요구죠. 이러한 현장을 경험하고 나면, 대체 고객이 뭐냐고 외치고 싶을 때도 있을 것입니다. 과잉 친절에 익숙해진 소비자가 자기 기준에 맞는 서비스를 요구해 몬스터가 된 사례는 끝이 없습니다.

고객 제일주의의 저주

이런 흐름에 맞서는 기업도 나타나기 시작했습니다. 편의점, 패밀리 레스토랑, 패스트푸드 업계의 일부 매장은 24시간 영업을 취소하고 있습니다. 택배업계에서도 대기업이 먼저 나서서 지정된 시간에만 배달하는 방식을 검토하고 있습니다.

이는 일손 부족과 과로 문제를 해결하기 위한 일환이기도 하지만, 바꿔 말하면 고객의 편리만을 최우선으로 생각해서는 기업이 버틸 수 없게 되었다는 뜻이기도 합니다. 고객 불만에 대처할 때도 과거의 고객 제일주의만 고수해서는 고객 서비스 담당자가 남아나지 않게 됐습니다.

제가 경찰이었다가 민간 유통기업의 외판 담당자로 이직한 지 얼마 되지 않았을 때 끈질긴 갑질 고객을 만나 이러지도 저러지도 못했던 경험이 있습니다. 경찰일 때는 상해 · 폭행, 공갈 · 절도 등 법 위반 여부로 흑과 백을 구별할 수 있었지만, 고객 불만에 대응하는 문제는 그렇게 명백하지 않더군요. 아무리 불합리한 말을 들어도 상대방은 어디까지나 고객이었습니다. 경찰일 때 몸에 익힌 업무 요령을 고객에게 적용할 수는 없었습니다. 그렇다고 비굴한 영업술로 상황을 빠져나가지도 못했습니다.

그러다 어느 날을 기준으로 저는 바뀌었습니다. 그때의 상황은 지금도 잊히지 않습니다. 식품에 이물질이 들어 있다고 호통 치는 할아버지를 응대할 때였습니다. 저는 어르신 댁을 방문해 마루에 공손하게 앉았습니다.

"책임지고 보상해!"

"성의를 보이란 말이야!"

"너 같은 놈은 그만두는 게 나아!"

어르신은 계속 비난하는 말을 쏟아냈고, 저는 사과만 반복했습니다. 시간이 가기만을 기다리며 망연자실한 상태였죠. 잠시 후 어르신이 제 이마를 손으로 찌르며 이렇게 말했습니다.

"너 같은 놈하고는 말이 안 통해! 나가!"

그 순간, 저는 고객 제일주의의 저주에서 풀려나 원래의 저로 돌아왔습니다.

"그럴까요? 그럼 실례하겠습니다."

정중하게 인사한 뒤 그 집에서 탈출해 다음 날 그분에게 전화를 걸었습니다.

"죄송하지만, 상품을 교환해드리는 것으로 제 성의는 다한 것이라고 생각합니다. 그 이상을 요구를 하신다면 경찰이나 변호사와 의논해 대응하도록 하겠습니다."

수화기 너머로 어르신의 목소리가 들려왔습니다.

"됐어. 없던 일로 해줄게."

저는 이 경험을 계기로 도를 넘은 갑질 고객은 단호하게 대응해야 한다는 사실을 배웠습니다.

8개월간 1만 2,000번이나 클레임 전화를 건 상습범

대중몬스터 중에는 악질 상습범도 있습니다.

⊕ 디저트 가게 사례

2015년 9월, 당시 45세였던 한 여성이 사기 용의자로 효고현 경찰에 체포됐다. 케이크에 머리카락이 들어가 있다며 디저트 가게와 빵집에 거짓 클레임을 제기해 상품 대금과 새 상품을 가로챈 혐의였다.

사건의 발단은 오사카부 도요나카시의 디저트 가게와 고베시 기타 구의 빵집에서 각각 쇼트케이크 1개, 현금 1,085엔과 크림빵 2개를 가로챈 일이었다. 그런데 수사 과정에서 놀라운 사실이 드러났다. 휴대 전화 통신 기록을 조회해보니 용의자가 범행이 발각되기 전까지 약 8개월 동안 전국 각지의 디저트 가게와 빵집 약 3,200곳에 총 1만 2,000번의 전화를 걸었다는 사실이 밝혀진 것이다. 닥치는 대로 대상을 물색했던 모양인지 전화번호 안내 센터에도 5,000번 이상 전화를 건 기록이 있었다.

여성은 "지금까지 500번 정도 성공했습니다. 현금이나 상품으로 60만 엔 넘게 가로챘습니다"라고 진술했다. 그러면서 이런 말로 상습범이 된 계기를 밝혔다.

"2013년 가을, 오사카 시내에 있는 케이크 집에서 상품을 구매하고 머리카락이 들어 있다고 불만을 제기했더니 영수증이나 구매한 상품을 보여주지 않고도 새 상품을 받을 수 있었습니다."

이 여성은 대형 식품 제조업체들 사이에서 이미 유명한 갑질 고객이었습니다. 일부 보도에 따르면, 오랫동안 기초생활보장 수급자로서 연로한 어머니를 모시고 살았던 모양입니다. 연령대는 버블 세대에 속합니다. 젊은 시절은 화려하게 보낸 듯하지만 언제부터인가 열등감과 불만에 휩싸이게 됐고, 기업과 매장에서 자신을 정중하게 대하자 우월감을 느꼈을 것입니다. 그러다 예상 밖의 '성취'를 경험한 뒤 상습범이 되었을 테고요.

이것이 극단적인 예라고 생각될지 모릅니다만, 불합리한 요구가 받아들여져 '성공 체험'이 되면서 상습범이 된 경우는 매우 많습니다. 고객 서비스 담당자가 갑질을 부추긴 격이 된 것입니다. 그러므로 고객 서비스 담당자는 갑질 고객 대응책에 담긴 원리와 원칙을 숙지하고 고객의 불합리한 요구에 결코 응해서는 안 됩니다.

그러나 관공서 같은 공공기관에서는 상황이 조금 다릅니다. 아무리 진상 민원인이라도 납세자인 이상 담당자는 상대방을 높일 수밖에 없습니다. 특히 민원을 처리하는 공무원은 시민들에게 공격을 받기 쉽습니다. 요즘은 민원인을 느긋하게 대하는 공무원은 극소수이고, 민간 기업이 겪는 것보다 훨씬 심각한 피해를 보는 공무원도 많습니다.

예를 들어 보건위생에 관한 안내문을 보내면 "그런 행정을 왜 독단적으로 결정하는 거야?"라며 클레임이 들어옵니다. "그렇게 획일적으로 대응하지 말고 융통성을 좀 가져봐!"라는 단골 문구로 공무원을 상습적으로 몰아세우는 민원인도 있습니다. 그런가 하면 "요즘 공무원들 일하기 좋아졌네!"라며 노골적으로 비꼬는 민원인도 적지 않습니다. 고객 만족이 아니라 '시민 만족'을 역이용해 안하무인격 행동을 일삼는 사람들입니다. 그러나 공공기관이라 해도 갑질 대응의 기본 원칙은 다르지 않습니다.

클레임 현장에서 고객은
세 유형으로 나뉜다

회색 지대가 넓어진다

갑질이 사회문제가 된 점에서 알 수 있듯 오늘날 클레임 현장은 혼돈 그 자체입니다. 여기서는 클레임 현장의 고객을 백색 지대, 흑색 지대, 회색 지대로 나누어 각 특징을 살펴보고자 합니다.

첫째, 백색 지대는 정당한 요구와 민원을 제기하는 고객입니다. 딱딱한 말투로 추궁하거나 서류를 요구하기도 하지만, 요구하는 내용이 불합리하지는 않습니다. 상품과 서비스를 제공한 측에 잘못이 있으므로 반품이나 환불에 응하지 않을 수 없는 경우가 많습니다. 클레임을 제기했다는 점에서 부정적으로 보일 수 있지만 고객의 소중한 의견으로 받아들여야 합니다. 기업에 들어오는 클레임의 대부분이 백색 지대에 속합니다.

둘째, 흑색 지대는 백색 지대의 반대편에 있습니다. 보상금을 노리고 사기나 공갈을 저지르는 고객이 여기에 속합니다. 과거에는 한눈에 봐도 반사회적 세력임을 알 수 있는 '직업적 악질 고객'이 암약했으나 폭력단 대책법 시행 이후 규모가 격감했습니다. 또 일본 각지에서 폭력단 배제 조례가 제정되면서 직업적 악질 고객이 설 자리는 더욱 좁아졌습니다. 그런 와중에 일부 대중 몬스터가 악질화해 의도적으로 보상금을 노리거나 사기, 공갈을 저지르며 불만을 제기하기 시작했습니다. 앞서 말한 디저트 가게 사례가 그 예입니다.

셋째, 회색 지대는 백색 지대와 흑색 지대의 중간에 있습니다. 지금까지 살펴본 대중 몬스터의 대부분이 회색 지대에 속합니다. 또 폭력단 대책법을 피해 숨어 지내는 반사회적 세력 일부도 여기에 섞여 있습니다. 오늘날 회색 지대가 급격히 확장하면서 고객 서비스 담당자의 스트레스가 증가하고 있습니다.

현재 갑질 고객의 대다수를 차지하는 회색 지대를 다시 셋으로 나누어 생각하면 대응책이 보입니다.

레벨 ❶

처음부터 악의가 있었던 것은 아니나 우연한 일이 계기가 되어 갑자기 소리를 지르거나 불평을 늘어놓는 고객입니다. 자신이 가진 불안감과 스트레스 때문에 일이 뜻대로 되지 않으면 초조해하며, 클레임을 거는 것으로 스트레스를 풀기도 합니다.

레벨 ❷

과도한 요구를 집요하게 반복하는 고객입니다. 이런저런 트집을 잡아 '잘 되면 한몫 잡을 수 있지 않을까' 하는 욕심을 내거나 무릎을 꿇도록 강요하는 일도 볼 수 있습니다. 주도면밀하지는 않지만 최근 회색지대 내에서 급증하고 있는 유형으로, 저는 이들을 '난잡한 진상'이라 부르며 주의를 기울일 것을 당부합니다.

레벨 ❸

선량한 시민으로 위장하고 있지만 한 끗 차이로 범죄자의 경계를 넘나들며 보상금이나 특혜를 요구하는 지극히 악질 성향이 강한 고객입니다. 한때 조폭이었거나 범죄 행위에 가담했던 사람들도 여기에 속합니다. 상습범이 많고, 주도면밀하게 계획을 세우는 준전문가급도 적지 않습니다.

1장

클레임
완전 격퇴!
발생부터
해결까지

스키점프식
갑질 격퇴법 3단계

고객 불만을 해결할 기회는 세 번 찾아온다

스스로 불만 대응의 달인이라고 추켜세우기는 쑥스럽지만, 저는 경찰과 민간인이라는 두 신분으로 다양한 갑질 고객을 만나면서 불만 대응의 요령을 어느 정도 체득했다고 생각합니다. 클레임에 직면했을 때가장 중요한 점은 평상심을 유지하는 일입니다. 성실한 사람일수록 불만을 토로하는 고객을 만나는 일에 괴로움을 느끼고, 끝없는 고객 불만에 피폐해지는 경향이 있습니다. 상대방의 기세에 휘말려 어떻게 대응해야 할지 알 수 없기 때문입니다.

먼저 클레임의 발생부터 해결까지의 절차를 이미지화해 파악해야 합니다. 저는 고객 불만을 주제로 한 해에 백 번쯤 연수를 하는데, 그때마다 불만 대응 절차가 스키점프 경기와 닮았다고 말합니다. 자신을 스키점프 선수라고 생각하고, 고객을 바람이라고 생각하는 것입니다.

고객 불만을 해결할 기회는 총 세 번 찾아옵니다. 클레임 대응 절차를 세 단계로 나누어 단계별로 다른 대응법을 취해야 합니다.

1단계 : 바람의 저항 줄이기(나를 낮추는 자세)

스키점프 선수는 경기가 시작되면 경사면을 활강하는 단계에서 바람의 저항을 최소한으로 줄이기 위해 몸을 웅크립니다. 마찬가지로 고객이 불만을 제기한 초기 단계에서는 시선을 내리깔고 사과하며 무엇보다 상대방의 흥분을 가라앉히는 것이 중요합니다.

이 단계에서는 고객의 요구가 정당한 경우도 많기 때문에 상대방의 이야기를 잘 듣는 자세를 습관화해야 합니다. 고객 만족을 전제로 상대방의 기분을 헤아리며 자신을 낮추고 친절한 태도를 유지합니다.

불만을 제기한 고객의 대부분은 마음을 담아 진지하게 사과하면 받아들입니다. 이때가 고객 불만을 해결할 첫 번째 기회입니다. 되도록 '사과로 끝날 문제'로 수습하는 일이 문제의 장기화를 막는 핵심입니다. 고객의 말이 틀렸더라도 이 단계에서는 반론하지 않는 편이 좋습니다.

2단계 : 바람에 맞서기(나를 던지는 자세)

활강을 마친 스키점프 선수는 점프대에서 도약합니다. 이때 선수는 바람의 압력을 느끼며 공중에서 낙하할 때의 공포와 싸워야 합니다.

화를 내며 불만을 쏟아내는 고객 앞에서 당황스럽고 두렵겠지만, 이 단계에서는 상대방의 동기와 목적을 파악해야 합니다. 다시 말하면 바람에 맞서 나를 던지는 자세로 상대방의 말에 귀 기울이는 것입니다.

1단계에서 '사과로 끝날 문제'로 수습하지 못했더라도 고객의 말에 귀 기울이고 타협점을 찾는다면 고객 불만을 해결하기 위한 두 번째 기회가 찾아옵니다.

3단계 : 온몸으로 착지하기(함께 대응하는 자세)

스키점프 선수가 비거리를 늘리면 이윽고 K점이 보입니다. 오늘날 스키점프 경기에서는 K점을 넘는 것을 입상이 가능한 기준점으로 봅니다만, 원래 K점은 더 멀리 뛰면 위험한 극한 지점을 의미했습니다. 고객 불만으로 치면 마음을 담아 설명하고 사과해도 받아들이지 않고 손해 보상이나 특별대우를 요구하려는 의도가 엿보이는 단계입니다.

이 지점이 되면 고객이 도를 넘었다고 판단합니다. 상대방을 합리적인 고객이 아니라 악질 고객으로 보고 태도를 바꿔야 합니다. 클레임을 처리하는 관점을 '고객 만족'에서 '위험 관리'로 바꿔야 합니다. 과장 섞어 말하면, 고객을 포기하겠다는 각오를 해야 합니다.

이 단계에서는 더는 고객의 요구에 응하지 말고 상대방이 지쳐 포기하기를 기다리는 편이 좋습니다. 이때가 불만을 해결할 마지막 기회입니다.

이 세 단계를 기억하면서 불만을 제기하는 고객을 향한 마음가짐부터 가다듬는 일이 중요합니다. 이제부터는 실제로 어떻게 대응해야 하는지 단계별 행동 원칙을 살펴보겠습니다.

첫 5분 안에
'사과로 끝날 문제'로 수습하라

처음부터 갑질 고객으로 대하면 안 된다

고객이 불만을 제기했다면 그 내용이 무엇이든 일단 고객의 정당한 요구로 받아들이고 속도감 있게 대응해야 합니다. 그러나 돌발 상황에 맞닥뜨리면 적절히 대응하지 못할 때가 있습니다.

생활용품 판매장 사례

생활용품 판매장에서 할머니 한 분이 넘어졌다. 그 모습을 본 직원은 다가가서 "괜찮으십니까?"라고 물었다. 할머니는 작은 목소리로 "네, 괜찮아요"라고 대답하고는 잠시 뒤 일어서서 매장을 나갔다. 직원은 할머니의 뒷모습이 사라질 때까지 바라보았다. 그런데 다음 날 한 중년 남성이 매장을 찾아와 호통을 쳤다.

"어제 이 매장 바닥이 젖어서 우리 어머니가 미끄러져 넘어지는 바람에 골절상을 당했습니다. 그런데 아무런 조치도 취하지 않았더군요. 대체 뭐하는 겁니까! 책임자 불러요!"

이 매장의 점장은 평소 악의적인 갑질 고객 때문에 골머리를 앓고 있었다. 직원에게 할머니가 넘어졌을 당시의 상황을 보고받은 점장은 "또 진상이군!" 하며 고개를 저었다. 그리고 남성을 사무실로 안내해 면담하면서 딱 잘라 이렇게 말했다.

"저희 직원이 괜찮으신지 물었을 때 어머님께서 괜찮다고 말씀하셨습니다. 매장에 오셨던 시각에 바닥이 젖어 있었을 리도 없고요."

그러나 실상은 달랐다. 점장의 말에 남성이 격분한 탓에 전체 직원을 대상으로 당시 상황을 다시 조사해보니, 직원이 할머니에게 말을 걸기 직전에 청소 담당자가 바닥의 물기를 닦은 것으로 판명된 것이다. 하필 그때 양동이에 담긴 물을 엎지른 모양이었다. 점장의 착각으로 상황은 더 나빠졌고, 회사 차원의 공식 사과와 치료비 부담으로 상황이 마무리되기까지 수개월이 걸렸다.

이 사례에서 점장은 평소 갑질 고객을 대응하는 문제로 골치가 아팠던 탓에 이번 고객도 갑질 고객일 것이라 지레짐작해 사태를 악화시켰습니다. 불만을 제기하는 고객을 처음부터 갑질 고객으로 대하면 고객의 반감을 키울 뿐 아니라 "나를 갑질 고객 취급하다니!", "무슨 말만 하면 갑질이래?" 하고 고객의 분노에 부채질하는 격이 되어 문제가 장기화하기 쉽습니다. 불만이 발생한 직후에는 백색 지대에 있는 고객인지, 아니면 흑색이나 회색 지대의 고객인지 알 수 없습니다. 그러므로 고객 만족을 바탕으로 한 '성선설'에서 출발해야 합니다.

위협적인 고객에게 지레 경계하는 태도를 보여 대응에 실패하는 사례도 적지 않습니다. 첫인상이나 태도만으로 갑질 고객이라 정해놓고 대응하면 상대방의 화를 돋우는 결과가 나타납니다. 한 병원에서는 이런 사례가 있었습니다.

㉭ 병원 사례

눈빛이 매서운 초로의 남성이 진료실로 들어왔다. 화려한 복장에 차림새가 심상치 않았다. 의사는 조폭인가 생각했다.

"어디가 불편해서 오셨습니까?"

의사가 묻자 남성은 이렇게 하소연했다.

"몸이 으슬으슬해. 목도 아프고. 며칠 전에도 왔었는데 똑같아. 제대로 진료하는 거 맞아?"

의사는 곧바로 남성에게 셔츠를 벗으라고 말한 뒤 가슴에 청진기를 댔다. 그때 얼룩덜룩한 문신이 의사와 간호사의 눈에 들어왔다. 진료실에 긴장감이 감돌았다.

'혹시 깽판을 치러 왔나?'

불안해진 의사의 목소리가 떨렸다.

"열도 없으신 것 같으니 며칠 쉬세요."

간호사도 긴장해 몸이 굳었다. 이를 본 남성의 걸걸한 목소리가 진료실을 쩌렁쩌렁 울렸다.

"나한테는 아무것도 안 해준다는 거야?"

조폭이라는 이유로 진료를 거부할 수는 없습니다. 불규칙한 식사, 과도한 음주, 격렬한 싸움, 절대적인 상하 관계 같은 생활환경 탓에 건강을 해치는 조폭이 많습니다.

⊛ 작은 병원 사례

간사이 지역에 있는 한 작은 병원. 이곳에서는 원장과 베테랑 간호사 두 명이 한 팀이 되어 진료한다. 어느 날 조폭처럼 보이는 환자가 감기에 걸렸다며 병원을 찾았다. 원장은 여느 때와 다름없이 진료를 마친 뒤 간호사에게 주사를 놓으라고 지시했다. 간호사가 무심코 환자의 소매를 걷어 올렸을 때 덩굴무늬 문신이 모습을 드러냈다.

간호사는 "문신이 멋있네요. 많이 아프셨겠어요"라고 말한 뒤 농담을 덧붙였다.

"씩씩하시네."

그러자 환자가 간호사 쪽을 힐끗 보며 한마디 했다.

"별것도 아닌데 뭘."

그러고는 싱긋 웃으며 가만히 팔을 내밀었다.

이 간호사는 경험이 풍부한 베테랑이었습니다. 이렇게 농담까지 던지지는 않더라도 상대방을 지레 경계하면 오히려 위협을 부른다는 사실을 잊지 마세요.

요구가 불만으로 번지는 것을 막는 배려의 한마디

고객 불만에 대응하는 초기 단계의 기본 원칙은 친절한 태도를 유지하는 것입니다. 이를 위해서는 고객을 관심 있게 두루 살피는 자세를 빼놓을 수 없습니다.

⑭ 종합병원 사례

"갑자기 두통이 너무 심해요."

한 중년 남성이 종합병원 응급실을 찾아와 이렇게 말했다. 하필 그날

응급실은 평소보다 더 붐비고 혼잡했다. 남성은 관자놀이를 누르며 접수대 직원에게 재차 물었다.

"내 차례 멀었어요?"

그러나 직원은 기계적인 대답만 거듭했다.

"순서대로 안내해드리니까 기다리세요."

남성이 침상으로 안내받은 때는 병원에 도착한 지 한 시간 이상 지난 뒤였다.

"뭐 이렇게 오래 걸려!"

남성은 무심코 간호사에게 소리를 높였지만 어쨌든 아픔을 참고 의사를 기다렸다. 잠시 뒤 젊은 의사가 다가와 진료를 시작했다. 의사는 환자와 눈도 맞추지 않고 컴퓨터 모니터에 뜬 전자 진료 기록 카드에만 시선을 고정하더니 10분도 지나지 않아 진단을 내렸다.

"만성 두통이네요. 혹시 모르니까 CT 찍으세요."

그러고는 전자 진료 기록 카드에 증상과 처방을 기록했다. 일사천리로 진료를 마친 의사가 휴우 숨을 돌렸다. 결국 남성은 잔뜩 화난 표정으로 의사에게 호통을 쳤다.

"제대로 본 게 맞아요? 설명을 해줘야 할 것 아니에요!"

환자들이 병원에 대한 불만으로 꼽는 1순위가 바로 기다리는 시간이 길다는 것입니다. 이 사례에서도 "내 차례 멀었어요?"라는 말에 남성의 짜증이 묻어납니다. 그러나 짜증이 폭발한 것은 그다음입니다. 오랜 시간 기다렸는데 겨우 몇 분 만에 진료가 끝나자 석연치 않은 마음도 들었을 테고, 무엇보다 의사가 모니터만 바라보며 환자와 눈도 마주치지 않은 점이 불신감을 키웠을 것입니다.

만약 의사가 "한 시간이나 기다리시게 해서 죄송합니다"라고 한마디만 했더라면 남성이 이렇게 화를 내지는 않았을 텐데요. 이렇게 초기 단계의 작은 배려가 부족했기 때문에 고객 불만이 장기화하는 경우는 여러 곳에서 볼 수 있습니다.

(#) 철도회사 사례

한 여성이 기차표를 두 장 끊기 위해 발권 창구에 서 있었다. 출발 시각이 얼마 남지 않은 듯 다급한 말투였다.

"화장실과 가까운 자리로 빨리 주세요!"

역무원은 화장실과는 조금 떨어져 있었지만 가장 빨리 발권할 수 있는 좌석의 기차표 두 장을 여성에게 건넸다. 좌석을 본 여성은 갑자기 목소리를 높였다.

"그 자리 말고요! 화장실하고 가까운 자리로 달라니까요!"

역무원은 여성이 화를 내는 이유를 알 수 없었다. 그때 여성의 뒤편에 서 있는 휠체어가 보였다. 여성은 연로한 부모를 돌볼 수 있도록 다목적 화장실과 가까운 자리에 앉고 싶었던 것이다. 그리고 병간호에 지친 탓에 역무원에게 충분히 설명하지 못했다.

딱 잘라 갑질 고객이라고 말할 수는 없지만, 혼잣말로 담당자를 주눅 들게 하는 고객이 많습니다. 이 여성도 그중 하나입니다. 화를 내는 고객이 몬스터로 발전하는 일을 막기 위해서는 왜 화를 내는지, 진심으로 원하는 게 무엇인지 고객의 관점에서 상황을 헤아리려는 태도가 중요합니다. 그래야 요구가 불만으로 번지는 일을 막을 수 있습니다.

예를 들어 식품에 이물질이 들어갔다고 호소하는 고객에게는 사실을 확인하기 전에 먼저 "몸에 이상은 없으셨나요?"라는 말로 고객의 건강을 염려하는 자세를 보일 필요가 있습니다. 주문한 상품이 파손돼 화가 난 고객에게는 교환해주면 그만이라고 생각할 것이 아니라 "저희 상품을 믿고 구매해주셨는데 죄송합니다"라고 고객에게 실망감을 안겨준 데 대해 사과하거나, "다친 곳은 없으십니까?"라고 물어 파손된 상품으로 인한 상처와 피해는 없는지 살펴야 합니다.

사과의 세 가지 핵심

클레임 대응은 사과에서 시작합니다. 사과의 한마디가 없으면 아무것도 시작되지 않습니다. 고객의 말이 도무지 납득이 가지 않을 때 '왜 내가 사과해야 하지?'라는 반발심이 드는 것도 이해합니다. 또 사과하는 일 자체에 저항감을 느끼는 직종도 있습니다. 예를 들어 의료 현장에서는 의료 과실 문제로 번질 것을 우려해 환자나 가족에게 사과하기를 꺼리는 경향이 있습니다. 외국계 투자 기업에서는 손해 보상 책임을 추궁당할 것을 우려해 사과하기를 주저하기도 합니다.

사실이 확인되지 않은 단계에서는 사과할 필요가 없다는 생각도 일리는 있습니다. 하지만 적어도 국내에서는 사과 없이 고객 불만을 수습하기란 불가능에 가깝습니다. 사과하면 과실을 인정한 셈이 되므로 섣불리 사과해서는 안 된다는 생각은 고객 불만을 장기화할 뿐입니다. 사과를 회피할 것이 아니라 제대로 알고 잘 사과해야 합니다. 잘못을 인정하는 공식 사과와 고객의 분노를 가라앉히고 불만을 장기화하지 않기 위한 사과를 구별해야 합니다. 구체적으로는 다음의 세 가지 핵심을 정확하게 짚어 사과해야 합니다.

- 고객에게 불쾌감을 준 것에 사과한다.
  → "불쾌하게 해드려 죄송합니다."
- 고객이 느낀 불만에 사과한다.
  → "불편을 끼쳐 죄송합니다."
- 기업 측의 대응이 서툴렀음에 사과한다.
  → "번거롭게 해 죄송합니다."

이렇게 제한적인 사과라면 "사과했으니 책임져!"라고 추궁을 당한다 해도 "기업 측의 과실을 인정하고 보상한다는 의미는 아닙니다"라고 되받아칠 수 있습니다. 그런데도 말꼬리를 잡고 "사과했으니 잘못했다는 거잖아. 그럼 성의를 보여!"라며 무리하게 보상을 요구하는 사람은 악질의 정도가 높다고 판단해도 좋습니다. 요컨대, 클레임 대응 초기 단계에서 사과는 상대방의 분노를 진정시키는 도구인 동시에 고객이 얼마나 악질인지 측정하는 잣대이기도 합니다.

초기 대응에서는 사과와 함께 공감과 경청의 자세를 보여야 합니다. 상대방에 대한 공감을 표현하는 것으로는 맞장구가 효과적입니다. 경청이란 상대방의 이야기를 흘려듣는 것이 아니라 가만히 상대방의 주장에 귀 기울이는 것입니다. 중간에 상대방의 말을 끊거나 반박하는 일은 금물입니다. 섣부른 해명이 고객의 귀에 변명처럼 들리면 오히려 반감을 키워 "내가 그런 말에 넘어갈 것 같아?"라며 더 크게 화를 냅니다.

⍟ 프랜차이즈 식당 사례

한 중년 여성이 프랜차이즈 식당의 고객 상담실에 클레임을 걸었다.

"직원의 태도가 글렀어요! 직원 교육을 하고 있는 거예요?"

담당자가 "불쾌감을 드려 죄송합니다"라고 사과한 뒤 당시 상황을 물으니 여성이 불만을 쏟아냈다. 말투가 불친절하다, 주문을 틀린다, 근무 시간에 동료와 잡담한다, 복장이 흐트러져 있다 등 혹독한 평가가 이어졌다. 담당자는 "그러셨어요?", "그러셨군요", "맞습니다" 하고 맞장구치며 상대방의 말에 귀를 기울였다. 그리고 여성의 말이 끝나기를 기다려 재차 사과했다.

"저희가 사과드립니다. 말씀해주신 내용을 잘 들었으니 앞으로는 직원 교육에 더욱 힘쓰겠습니다."

여성은 화가 가라앉은 듯 조용히 전화를 끊었다.

초기 대응 단계에서는 고객에게 자세하게 질문하거나 어중간하게 둘러댈 필요가 없습니다. 일단 상대방의 감정을 받아주는 일이 중요합니다. 이 사례에서 만약 담당자가 직원의 편을 들며 해명을 했다면 불친절한 말을 했네, 하지 않았네, 주문을 틀렸네, 틀리지 않았네 등 확인할 수 없는 사실관계를 두고 논쟁이 끊이지 않았을 것입니다.

5분 참으면 문제의 80퍼센트가 해결된다

부주의한 말 한마디로 상대방을 폭주하게 하는 일이 적지 않게 발생합니다. 그 대표적인 표현이 "그러니까", "그런데", "그렇지만"이라는 세 가지입니다. 저는 이를 ㄱ언어(ㄱ으로 시작하는 말)라고 부르며, 클레임 대응 시 절대 해서는 안 되는 말이라고 고객 서비스 담당자들에게 일러둡니다.

이 ㄱ언어는 상대방의 이야기가 논점에서 벗어났거나 같은 이야기를 반복할 때 무심코 내뱉게 되는 말입니다. 그러나 이 말을 들은 고객은 '무례하다', '발뺌하려 한다', '반항한다'라고 느끼기 쉬워 불만을 장기화하고 맙니다.

제가 아는 콜센터에 한때 성우로 일했던 우수한 여성 상담원이 있었습니다. 그는 호통 치는 고객에게도 주눅 들지 않고 "그 부분은 저희가 사과드립니다", "그러셨군요", "불쾌하게 해드려 죄송합니다"라고 맞장구를 치며 대화를 이어나갔고, 수화기 너머의 보이지 않는 고객을 향해 머리 숙여 인사했습니다. 그 상담원과 통화한 고객은 5분 이내에 화를 가라앉혔습니다.

제 경험에 비추어 보더라도 악의를 가진 고객이 아닌 한, 사과를 하면 80퍼센트가 5분 안에 수긍합니다. 심리학적으로도 공감을 표시하며 사과하는 사람에게 계속 화를 내기는 쉽지 않다고 합니다. 불이 났을 때 불길이 번지기 전에 가정용 소화기로 초기 진압을 하면 불을 끄기 쉬운 것처럼, 고객 불만을 맞닥뜨렸을 때도 초기 대응이 무척 중요합니다.

기브업 토크로
타협점을 찾아라

서두르면 안 되는 이유

　고객이 쏟아내는 불만의 상당수는 사과로 끝낼 수 있습니다. 그러나 아무리 마음을 담아 사과해도 좀처럼 받아들이지 않는 고객도 있습니다. 회사 측에 과실이 있었다고 인정하며 공식 사과를 하고 보상 방법을 제시해도 화가 누그러지지 않는 고객도 있습니다. 담당자에게는 여기서부터 고비입니다.

　명심해야 할 점은 사태를 서둘러 수습하려 하면 안 된다는 사실입니다. 빨리 해결할 목적으로 상대방을 설득하려 하거나 깊이 생각하지 않고 상대방의 요구를 들어주면 오히려 사태가 악화합니다.

(#) 일식집 사례

한 일식집에서 남성 고객이 점장을 불렀다. 남성은 작은 접시에 담긴 닭고기 꼬치를 가리키며 점장의 귓전에 대고 속삭이듯 물었다.

"이거 참숯에 구운 거 맞아요?"

점장이 대답했다.

"네, 저희는 참숯을 사용합니다."

남성은 고개를 갸웃거렸다.

"100퍼센트 참숯이라고 장담할 수 있어요?"

뜻밖의 질문에 점장은 우물쭈물하며 100퍼센트는 아니지만 어쨌든 참숯으로 굽는다고 해명했다. 그러자 남성은 따가운 눈초리로 점장을 쏘아보며 말했다.

"그러면 참숯구이라고 하면 안 되지. 요새 이런 거 많아요. 이거 과장 광고잖아요. 인터넷에 올릴 테니까 반성 좀 하세요."

새파랗게 질린 점장은 단번에 사과했다.

"죄송합니다. 앞으로 주의하겠습니다."

그러나 남성은 여전히 심기가 불편한 듯 닭고기 꼬치를 가리키며 말했다.

"그럼 이거 어떻게 할 거예요?"

"괜찮으시면 드시고 돈은 안 주셔도 됩니다."

"그래요? 고마워요. 근데 그게 다예요?"

남성은 다시 점장을 노려봤다. 점장은 사장의 얼굴을 떠올리며 어쩔 줄을 몰랐다.

SNS를 비롯한 인터넷 공간에 퍼진 불만 글은 그 내용이 일방적이고 비방에 가까운 것이라 해도 타깃이 된 기업과 매장, 단체에 심각한 타격을 입힙니다. 동시에 고객 서비스 담당자의 입장도 위태로워집니다. 고객 서비스 담당자의 상당수는 이러한 부담 속에서 엄청난 불안감을 느낍니다. 하지만 그렇다고 사태를 서둘러 수습하려 하면 돌이킬 수 없는 상황을 초래할 수 있습니다. 과도한 요구를 한 번이라도 받아주면 고객의 주장이 기정사실이 되어 요구 수위가 점차 높아질 가능성이 크기 때문입니다. 다음은 초기 대응에 실패해 2차 불만을 유발한 경우입니다.

#️⃣ 가전 기업 사례

한 중년 남성이 가전 기업의 고객 센터에 전화를 걸어왔다.

"에어컨을 샀는데 제대로 작동하지 않아요. 여러 차례 전화했는데 연결도 안 되고."

상담원은 매뉴얼에 따라 응대했다. 그런데 남성은 돌연 화를 냈다.

"무슨 말 하는지 하나도 모르겠네. 어떻게 하라는 말이야?"

다급해진 상담원은 무심코 이렇게 말했다.

"그러니까 취급설명서의 마지막 부분에 기재되어 있는 전용 창구에 문의하셔야 합니다. 괜찮으시면 자세하게 설명해드리겠습니다."

남성은 "그러니까"라는 한마디에 폭발해 이렇게 말하면서 전화를 끊었다.

"본사 홍보실에 전화해야지 안 되겠네!"

이러한 2차 불만은 고객 서비스 담당자가 서두르지 않고 침착하게 대응하면 대부분 막을 수 있습니다.

첫 30분을 이렇게 극복하자

사과만으로 끝낼 수 없는 클레임을 해결하기 위해서는 그 원인을 정확하게 파악해야 합니다. 기본적으로는 '사실관계 확인하기'와 '상대방의 말 경청하기'라는 두 가지 방법으로 파악할 수 있습니다.

그러나 상대방이 어떤 유형인지 파악하기는 쉽지 않습니다. 불만을 제기하는 고객의 목적과 동기는 천차만별입니다. 때에 따라서는 그날의 기분이나 컨디션이 영향을 미치기도 합니다. 납득하기 어렵다며 자신의 요구를 관철하려는 고객의 속마음을 읽어내는 일은 몹시 어렵습니다.

중요한 점은 불만을 제기하는 고객의 목적이나 동기, 유형을 잘 파악해 시간을 낭비하지 않아야 한다는 사실입니다. 이때 생각해야 하는 것이 '시간'입니다. "고객의 집에 한 번 들어가면 나오기가 너무 어렵다"라고 말하는 고객 서비스 담당자들이 많습니다. 그 이유는 고객의 기세에 휘말리기 때문입니다.

제 경험에 비추어 말씀드리면, 아무리 길어도 30분이면 고객의 유형을 파악할 수 있습니다. 꿰뚫어 보기는 어려워도 짐작은 할 수 있습니다. 그런 가운데 방법이 보입니다. 이를테면 '고객의 불만 청취는 30분으로 끝낸다'고 정해두었다면 되도록 30분 안에 상대방의 이야기가 끝나도록 유도하는 것입니다. 100퍼센트 확률로 해결책이 보인다고 할 수는 없지만, 불만을 제기하는 고객의 태도나 말투에 눌려 주야장천 듣고만 있어야 하는 상태에서는 벗어날 수 있습니다. 무심코 ㄱ언어를 사용해 불만을 장기화하는 사태도 피할 수 있습니다.

요컨대, 시간을 정해 그 시간 안에 고객의 유형을 파악해야 합니다. 기준은 30분입니다. 불만을 쏟아내는 고객의 말을 30분간 듣고 고객의 유형을 파악해 성취감을 느껴보는 것도 좋습니다.

고객의 프레임에 휘말리지 않고 시간을 버는 기브업 토크

30분이 지나도 고객이 불합리한 요구를 계속할 때는 되도록 빨리 포기할 것을 강력하게 추천합니다. 예를 들어 자신만 특별대우를 해달라고 요구하거나 즉답을 요구한다면 "저 혼자서 판단할 수 있는 문제가 아닙니다"라고 대답해 고객이 짠 프레임에 말리지 않는 것입니다.

고객이 SNS에 올린다거나 소비자원에 고발한다는 협박을 한다면 "그러시면 곤란합니다"라는 말로 대응하는 것이 상책입니다. 협박에 별 반응을 보이지 않으면 고객은 당황합니다. 저는 이것을 '기브업(give up) 토크'라고 부르며 불만 대응의 기본 화법으로 소개합니다.

이 화법을 능숙하게 구사하면 기세가 꺾인 갑질 고객은 결국 폭주를 멈춥니다. 요컨대, '안 되는 것은 안 된다'는 메시지를 전하는 것입니다. 여기서 기억해야 할 것은 절대 서둘러 결론을 내서는 안 된다는 사실입니다. 조기 해결이 가능한 단계는 이미 지났으므로 후속 대응을 위해서라도 시간 여유를 갖고 차분히 대응하는 편이 좋습니다.

과도한 요구는 단호하게 거부해도 좋다

상대방의 프레임에 휘말리지 않고 기브업 토크를 활용할 때는 할 수 있는 일과 할 수 없는 일을 명확히 파악한 뒤 그 점을 상대방에게 잘 전달해야 합니다.

40대 남성이 전화를 걸어왔다. 주문한 상품을 아직 받지 못했다는 내용이었다.

"일주일 전에 드링크 영양제 샘플을 주문했는데 아직도 못 받았어요."

여성 상담원이 주문 이력을 확인했으나 남성이 주문한 내역은 없었다. 다시 주문을 받아 배송 절차를 진행했다. 그러나 남성은 납득하지 못하고 소비자원에 신고했다. 이 내용을 보고받은 고객 상담실 담당자는 남성에게 전화를 걸어 불편을 끼친 부분에 대해 사과했다. 그러자 남성은 여성 상담원의 태도에 불만을 쏟아냈다.

"태도가 상냥하지가 못해서 마음이 찝찝해요. 나도 서비스업에 있는 사람이라 평소에 부하 직원들에게 태도에 대해 지도하는데, 이 사람은 너무 심하다니까요. 당신 말고 본인이 직접 사과하라고 해요."

이 담당자는 신중하게 말을 고르며 거듭 사과를 했지만 남성은 다음 날에도 전화를 걸어와 여성 상담원에게 사과문을 보내라고 요구했다. 사과문을 읽은 뒤 정식으로 상품 주문 여부를 결정하겠다는 것이다. 그리고 일주일 뒤, 샘플을 받은 이 남성에게서 추가로 클레임이 접수됐다.

"그쪽이 만드는 상품의 라인업이 궁금한데 종합 카탈로그가 안 왔어. 없잖아! 게다가 대금인환(상품을 주문할 때 돈을 지불하지 않고 상품을 수

령할 때 돈을 지불하는 방식이다 - 옮긴이)으로 보내다니 이게 무슨 경우야?"

남성은 이렇게 불만을 제기하며 온종일 상품 주문과 취소를 수없이 반복했고, 그 와중에 매번 상담원의 태도를 비난했다. 고객 서비스 담당자는 진저리를 치면서도 남성에게 전화를 걸어 이렇게 설명했다.

"저희가 샘플을 늦게 보내드려 고객님께 불편을 끼쳐드린 과오가 큽니다. 재차 사과드립니다. 죄송합니다. 상품을 받으실 때는 첫 회에 한하여 본인 확인을 할 수 있는 대금인환으로 발송해드리고 있습니다. 양해 부탁드립니다. 상담원에게 사과문을 요청하고 있습니다만, 그렇게까지 화를 내실 줄 몰랐기 때문에 조금 어려운 부분이 있습니다."

그러자 남성은 되레 이렇게 소리쳤다.

"그게 무슨 말이야? 내가 나쁘다는 거야? 그래서 잘했다는 거야, 지금? 당신도 사과문 보내!"

그날 이후, 남성은 고객 서비스 담당자까지 비난하며 콜센터를 포함한 모든 수단을 동원해 험악한 전화를 걸어왔다. 결국 회사는 이 남성을 고객으로 대우하기를 그만두고 그의 주문을 일체 거절하기로 했다.

소비자원에 신고하거나 상담원에게 사과문을 요구한 것, 대금인환이라는 정산 방법을 변경하라고 요구한 것은 다시 볼 것도 없이 과잉 요구입니다. 이런 고객의 말은 들을 필요가 없습니다. 오히려 이렇게 말해야 합니다.

"받아들이지 못하시는 점은 유감입니다만, 저희에게도 할 수 있는 일과 할 수 없는 일이 있습니다. 양해 부탁드립니다."

성의의 마지노선을 정해 흔들리지 않는다

갑질 고객의 요구에 대해 할 수 있는 일과 할 수 없는 일을 명확히 하기 위해서는 둘 사이의 경계를 정해야 합니다. 갑질 고객은 자신의 요구를 관철하려 할 때 성의를 보이라는 말을 자주 합니다. 이 표현을 빌려 저는 그 경계를 '성의의 마지노선'이라고 이름 붙이고 이를 불만 대응의 기본 구조로 봅니다.

성의의 마지노선은 업종과 업태, 클레임이 발생한 상황에 따라 다릅니다. 예를 들어 백화점 식품 매장과 시장의 과일 가게에서는 성의를 표시하는 정도가 다릅니다. 백화점에서 구매한 선물용 고급 음식 재료가 손상되어 있었다면 담당자가 사과 인사를 하는 것이 이상하지 않습니다. 그러나 시장에 있는 과일 가게에서 신선도가 떨어지는 과일을 팔았다고 해서 과일 가게 주인이 과일 바구니를 들고 단골의 집을 방문하는 일은 생각하기 어렵습니다. 고객이 가게를 찾아와 불만을 토로하는 정도가 적당하죠.

성의의 마지노선을 설정할 때 대전제로 삼아야 할 점은 사회규범에 기반을 둔 '공정과 공평'의 원칙입니다. 특별대우나 손해 보상을 요구하는 데 응해주거나 도를 넘은 태도를 꾹 참는 것은 공정과 공평 원칙에 위배됩니다. 예를 들어 상품에 하자가 있을 때 상품을 교환해주거나 환불해주는 일은 정당한 행위입니다. 그러나 특정 고객에게 손해 보상이나 위자료 명목으로 금품을 제공하는 일은 공정과 공평의 원칙에 어긋납니다. 손해 보험에 가입했다고 해서 금품으로 안이하게 수습하려 하면 입소문이 나 다른 갑질 고객의 표적이 될 수도 있습니다.

또 가게나 병원에서 다른 방문자들이 대기하며 차례를 기다릴 때 큰 소리로 불만을 제기하는 방문자를 우선 응대하는 것 역시 원칙에 맞지 않습니다. 소란을 피우며 불만을 제기하면 다른 손님에게 피해가 가기 때문이라는 말은 순간을 모면하기 위한 변명입니다. 오히려 갑질 행위의 상습화에 일조하는 일입니다.

기업과 단체는 각자의 정책과 실정, 클레임 내용에 맞게 공정과 공평의 원칙을 바탕으로 성의의 마지노선을 정해야 합니다. 예를 들어 상품에 하자가 있다면 다음과 같은 대응책을 정할 수 있습니다.

"반품이나 교환은 가능하지만 환불은 자사가 발행한 쿠폰으로 대신한다."

"한 단계 상위 대체품으로 교환해주고, 여기에 ○○엔 상당의 상품권을 함께 제공한다."

또한 고객의 건강에 해를 끼친 경우에는 다음과 같은 조치를 고려할 수 있습니다.

"진단서 확인 후 치료비는 보상하지만 위자료 청구에는 응하지 않는다."

"휴업 보상(근로자가 업무상 재해로 일을 할 수 없을 때 회사가 지급하는 금품을 말한다. 이 책에서는 기업의 과실로 소비자가 일을 할 수 없게 되었을 때 기업이 소비자에게 제공하는 보상을 가리킨다 - 옮긴이)은 하지 않지만 위로금으로 최대 ○○엔까지 지급한다."

서비스업계에는 성의의 마지노선으로 '3배까지 보상한다'는 기준을 마련하고 있는 기업이 많습니다. 여기서 3배라는 기준에는 두 가지 의미가 있습니다. 하나는 문자 그대로 상품 가격의 3배에 달하는 금액으로 보상하는 것입니다. 100엔짜리 상품 1개에 하자가 있을 경우, 상품 3개 또는 300엔 상당의 상품을 제공하는 것입니다. 또 하나는 향후 적용의 편의를 위해 '대략 3배' 정도를 보상한다는 뜻입니다.

성의의 마지노선을 일단 정했다면 쉽게 바꿔서는 안 됩니다. 조직 차원에서 정한 방침이 흔들리면 현장 실무자는 혼란에 빠질 수밖에 없습니다. 경영진이 성의의 마지노선을 바꾼 탓에 실무진이 혼선을 겪어 최악의 상황으로 치달은 예를 하나 소개합니다.

⏗ 명품 기업 사례

명품 브랜드 기업에 고객 불만이 쇄도했다. 품질 표시가 잘못된 탓이었다.

"아끼고 아껴서 겨우 샀는데, 이게 뭐예요?"

"오래전부터 쓰던 건데 배신감이 드네요."

"은사님께 선물로 드렸는데 실례가 됐잖아요. 창피해서 어떻게 해요?"

고객 중에는 이 브랜드에 애착을 갖고 있던 사람이 많았다. 품질 표시에 오류가 드러나면서 과대광고의 소지도 있어 고객의 불만은 더욱 극심해졌다. 기업 측에서는 상품을 자진해서 리콜해 교환해주거나 쿠폰을 제공했지만 "왜 환불은 안 해줘요?"라며 납득하지 못하는 고객이 많았다.

"돈으로 해결될 문제는 아니지만 어쨌든 환불해줘요. 반품이나 교환으로는 안 돼요. 이제 그쪽 상품을 살 생각이 없으니 쿠폰도 필요 없어요!"

소비자 입장에서는 당연한 주장이다. 이런 분들까지 갑질 고객이라고 부르기는 어렵지만, 고객 서비스 담당자 입장에서는 힘든 것이 사실이다. 리콜 시 밀려드는 클레임에 일일이 대응해야 하기 때문이다. 동시에 단골에게는 더욱 정중하게 상황을 설명하고 납득시켜야 한다. 고객 상담원은 녹초가 될 수밖에 없다.

그런데 더 큰 난관은 따로 있었다. 회사가 리콜 방침을 바꿔 환불을 해주기로 한 것이다. 고객 상담실은 큰 혼란에 빠졌다. 교환해주거나 쿠폰을 지급하는 것으로 겨우 달랜 고객을 처음부터 다시 설득해야 했

기 때문이다. 며칠 뒤 밤낮없이 환불 절차를 진행한 덕분에 고객 불만
은 어느새 잠잠해졌다. 역시 모든 것을 해결하는 것은 돈이었다.

그러나 불만 고객 응대의 최전선에서 전력을 다했던 상담원들은 하
나둘 회사를 떠났다. 회사 측이 돌연 리콜 정책을 바꾸면서 사다리를
걷어차인 듯한 상황에 내몰려 가까스로 붙잡고 있던 실마저 툭 끊어져
버린 것이다.

집요한 갑질 고객은 혼자 응대하지 않는다

기브업 토크를 숙지해도, 성의의 마지노선을 설정해 할 수 있는 일과
할 수 없는 일의 경계를 정해도 혼자서 갑질 고객과 맞서다 보면 결국
좌절하게 됩니다. 악질 고객은 의연한 태도로 대해야 합니다만, 그러기
위해서는 직장 동료들이 동지 의식을 갖고 서로 도와야 합니다. 예를
들어 옆자리 동료가 갑질 고객의 전화에 시달리고 있다고 해봅시다. 장
시간 시달리는 동료를 보면서 드는 솔직한 생각은 '내가 아니어서 다행
이다'일 것입니다. 전화를 끊은 뒤에 "괜찮아?"라고 묻는 정도겠죠.

클레임에 대응할 때 동료의 존재는 무척 소중합니다. 특히 과도한 요
구를 거듭하는 악질 고객에게는 여럿이서 응대하는 것이 원칙입니다.
여기에는 세 가지 이유가 있습니다.

- 악질 고객과 실랑이를 벌였다는 사실을 입증해줄 증인이 생긴다.

- 한 사람은 고객을 상대하고, 한 사람은 그 내용을 기록하는 역할을 분담할 수 있다.

- 동료가 곁에 있다는 사실만으로 마음이 든든하다.

내게 동료는 누구일지 생각해보세요. 옆자리에 앉은 사람일 수도, 직속 상사일 수도, 또는 비상 버튼일 수도 있습니다. 팀을 이루어 갑질 고객을 응대하면 비교적 여유롭게 해결책을 찾을 수 있습니다.

조직 차원에서
NO를 외쳐라

몬스터 고객은 고장 난 스피커라고 생각하자

　지금까지 살펴본 점을 제대로 실행한다고 해도 상대방과 타협책을 찾지 못한 채 부당한 요구에 계속 시달리게 되면 결국 한계에 이를 수밖에 없습니다. 따라서 갑질 고객을 어떻게 응대할 것인가에 대한 구체적인 대책보다 더 중요한 것이 어떻게 내 마음을 가다듬고 평정심을 유지할 것인가입니다.

　지구대에서 일하던 시절, 제가 가장 꺼렸던 일은 교통 위반 단속이었습니다. 위반 사실을 인정하지 않으려는 사람들이 모욕적인 말을 쏟아 냈기 때문입니다.

"왜 나만 잡아? 단속도 제대로 못 하는 주제에!"

이런 상황에서 반론하거나 설득하려 하면 오히려 발목이 잡혀 단번에 역공을 당합니다. 그렇다고 납득할 때까지 정중하게 응대하면 시간이 너무 오래 걸립니다. 이럴 때는 상대방의 기세에 휘둘리지 말고 덤덤한 말투로 "불만은 가지실 수 있는데 위반은 위반입니다"라고 말합니다. 그 뒤에는 위반자가 뭐라고 말하든 귀마개를 했다고 생각하고 흘려듣는 것입니다.

갑질 고객이 전화를 걸어와 고막이 찢어질 듯한 목소리로 "어디서 건방이야!"라고 고함을 치면 수화기에서 귀를 떼세요. 그러면 몸이 움츠러들 정도로 무서운 고함도 소음으로 들립니다. 도를 벗어난 갑질 고객은 '고장 난 스피커'라고 생각하는 것입니다. 이런 사람에게는 예의를 갖춰 대해도 상황이 나아지지 않습니다. 제가 아는 한 베테랑 상담원은 부하 직원에게 "갑질 고객은 우주인이라고 생각하세요"라고 말합니다. 말이 통하지 않는 고객은 차라리 무시하면 마음이 편해집니다.

클레임 대응에서 고객 서비스 담당자와 갑질 고객 모두가 100퍼센트 만족하는 경우는 없습니다. 특히 말이 안 통한다 싶은 단계까지 와서 갑질 고객의 불만을 완벽하게 해소하겠다는 것은 불가능한 목표입니다.

또 악질 고객의 타깃은 개인이 아니라 조직이라는 점을 기억해야 합니다. 시달리는 사람은 나일지언정 책임을 지는 사람은 내가 아닙니다. 그렇게 생각하면 조금이나마 마음이 편해집니다.

무엇보다 이 단계까지 오면 자포자기하는 심정이 되어 '언제 끝나려나', '정말 못 들어주겠다' 싶겠지만 아무리 골치 아픈 불만 사항이라도 반드시 끝이 있다는 점을 기억하세요.

반년 동안 전화와 메일로 끊임없이 불만을 제기하던 갑질 고객이 어느 날 갑자기 연락을 뚝 끊는 일도 자주 있는데, 이는 고객이 납득했기 때문이 아니라 포기했기 때문입니다. 극히 드물게 관련 기관에 조정을 신청하거나 고소를 하는 경우도 있지만, 어쨌든 반드시 끝은 있습니다.

갑질 고객의 약점을 이용하자

고객 불만을 처리할 때 조바심이 금물이라는 사실은 앞에서도 말했습니다만, 사실 시간에 쫓기는 쪽은 오히려 고객입니다. 고함을 쳐서 담당자를 당황하게 하고 조기에 보상금을 뜯어내는 것이 손해 보상을 노린 갑질 고객의 전형적인 수법입니다. 이런 갑질 고객은 경찰에 신고당하는 것을 두려워하고 되도록 빨리 상황을 마무리하려 합니다. 그러므로 대응하는 쪽에서 서두를 필요가 없다고 마음먹으면 입장이 역전

될 수 있습니다.

　고객 서비스 담당자는 정해진 시간 내에 여러 업무를 진행하는 가운데 고객 불만에도 대응하는 것이 보통입니다. 그러므로 고객 불만이 장기화하면 피폐해지는 것이 당연합니다. 고객 상담원 역시 갑질 고객 몇 명만 상대하는 것이 아닙니다. 정해진 시간 안에 많은 고객을 혼자 응대하다 보면 정신력을 소모할 수밖에 없습니다. 그러나 여러 명이 협력해 조직 차원에서 대응하면 훨씬 여유롭게 응대할 수 있습니다. 한 사람이 가진 시간에는 한계가 있지만 조직 차원에서는 충분한 시간입니다. 앞서 2단계에서 말한 동료와의 협력이 수평적 협력이라면, 지금 말하는 조직 차원의 대응은 수평적 협력에 수직적 제휴가 더해진 것이라고 생각해도 좋습니다.

담당자를 바꾸어 지구전으로 만들자

　고객 불만에 대한 조직 차원의 대응에서 일반적인 것이 '단계 업그레이드'입니다. 고객 불만 대응 담당자를 상담원(1차 응대자)에서 상위 관리자나 감독자(2차 응대자)로 바꾸는 것입니다. 갑질 고객의 요구가 과도해지거나 흥분한 고객을 진정시킬 필요가 있을 때 이 방법을 씁니다. 보통 고객 불만을 해결할 때 시간, 장소, 사람을 바꾸는 방법을 쓰는데, 단계 업그레이드는 사람을 바꾸는 방법에 해당합니다.

특히 저는 여기에 시간적 요소까지 활용하는 방법을 자주 씁니다. 바로 고객 불만 실태를 조직 차원에서 파악해 악질 고객을 방치하는 것입니다. 구체적인 내용은 2장에서 자세히 살펴보겠습니다만, 핵심은 조직 차원에서 해야 할 일을 다 했다면 그다음에는 행동을 유보한 채 고객에게 '할 수 없다'고 말하는 것입니다. 이때는 상대방의 말을 경청하거나 설득하려고 노력할 필요가 없습니다. "죄송하지만 말씀하신 부분에 대해서는 답해드릴 수 없습니다"라는 식으로 거듭 거절하는 것입니다.

이런 식으로 지구전에 돌입하면 갑질 고객은 점차 무력감을 느낍니다. 만약 이렇게 해도 갑질 고객이 물러서지 않는다면, 예를 들어 한층 더 격분해 폭력을 휘두르거나 업무 방해를 한다면 경찰에 신고할 단계입니다. 경찰에 신고할 때 주의해야 할 점은 나중에 자세히 살펴보겠습니다.

악질 고객은 럭비형 조직으로 대응하자

상대방이 악질 고객이라는 확신이 들었다면 개인전에서 조직전으로 방향을 틀어 지구전에 돌입해야 합니다. 그런데 조직전을 펼 만큼 체계를 갖춘 기업이 많지 않습니다. 첫 번째 이유는 경영진의 인식이 부족하기 때문입니다. 저는 늘 경영자나 임원 분들께도 스키점프 경기를 인용해 이렇게 이야기합니다.

"고객 불만 대응에서 초기 단계란, 낮은 자세로 도움닫기를 하는 단계입니다. 10초간 그 자세를 유지해보세요. 무릎이 부들부들 떨리죠? 다음은 몸을 앞으로 기울여 활공하는 단계입니다. 발끝으로 서서 자세를 취해보세요. 이것도 쉽지 않습니다. 착지할 때는 두 팔을 벌린 채 상반신을 꼿꼿하게 세우고 텔레마크 자세(한 발을 내딛고 무릎을 굽히며 착지하는 자세다 - 옮긴이)를 취해야 감점이 되지 않습니다. 고객 불만 대응 담당자가 하는 일은 이와 매우 비슷합니다."

두 번째 이유는 개인과 조직이 유기적으로 결합되어 있지 않기 때문입니다. 고객 불만에 대응하는 이상적인 조직은 럭비 팀의 구조와 같습니다. 럭비 경기를 떠올려보세요. 선두에서 럭비공을 안고 달리는 선수는 격렬한 태클을 주고받으며 골문을 향해 달립니다. 도중에 쓰러질 것 같으면 팀메이트가 재빨리 패스를 받습니다. 팀이 하나가 되어 진용을 재정비하고 득점을 노립니다. 고객 불만 대응에서도 이러한 조직적 지원이 필요합니다. 그러나 실제로는 관리자가 갑질 고객을 회피하거나 조직이 충분한 지원을 하지 않습니다.

제게도 뼈아픈 경험이 있습니다. 어느 날 제가 기업 고문을 맡고 있는 슈퍼마켓 사업본부에서 연락이 왔습니다.

"엔카와 씨, 상품에 이물질이 들어 있다고 해서 고객의 집을 방문했는데, 험악한 남성이 기다리고 있었습니다. 거실에는 일본도가 놓여 있었고요. 어떻게 해야 할까요?"

남성 임원의 SOS였습니다.

"이러다가는 다음 주부터 시작되는 특별세일에도 차질이 생길 것 같아요. 빨리 해결해야 해서 엔카와 씨에게 연락을 드렸습니다."

마치 "이런 일 해결하라고 당신에게 비싼 개런티를 지급하는 것이다"라는 말처럼 들렸습니다. 마치 저를 경호원처럼 생각하는 것 같더군요.

클레임 현장에서는 많든 적든 이런 상황이 펼쳐질 것입니다. 이때 내 일이 아니라 회사 일이라며 술자리에서 회사 뒷담화만 해서는 아무것도 바뀌지 않습니다. 긴급 사태에 대비해 스스로 목소리를 내며 도움을 청해야 합니다. 다만 여기에는 요령이 있습니다.

젊은 여성이 괴한에게 습격당하려 할 때 도와달라고 외쳐도 아무도 도와주지 않는 경우가 있습니다. 골치 아픈 일에 엮이고 싶지 않다는 심리가 작용하기 때문입니다. 사건 현장을 탐문 수사할 때도 "생각해보니 비명 소리 같은 것이 들렸어요"라는 증언을 나중에 확보할 때가 있습니다. 비명을 들은 당시에 신고했더라면 좋았을 텐데 하는 아쉬움을 지울 수 없습니다.

그렇다면 어떻게 해야 할까요? "도와주세요!"가 아니라 "괴한이야!", "도둑이야!", "불이야!"라고 크게 외쳐야 합니다. 주변 사람들이 당사자 의식을 갖게 되는 말을 외치는 것입니다. 고객 불만을 응대할 때도 마찬가지입니다. 혼자 대응하며 '더는 안 되겠다'고 느꼈다면 상사와 의논하세요. 의논할 때는 울며 매달리는 것이 아니라 그간의 불만 대응 경과를 정확하게 보고하고 조직 차원에서 다루어달라고 요구해야 합니다. 빠르고 적절하게 고객 불만을 처리하기 위한 조직 개혁에 대해서는 에필로그에서 자세히 살펴보겠습니다.

클레임 격퇴 3단계

1단계	2단계	3단계
목적	목적	목적
'사과로 끝날 문제'로 수습하기	타협점 찾기	요구 거절하기
행동 원칙	행동 원칙	행동 원칙

1단계

· 선입견을 버리고 고객의
  이야기에 귀 기울인다.
· 마음을 담아 사과한다.
· ㄱ언어를 ㅈ언어로 바꾼다.

2단계

· 30분 이내에 실태를 파악한다.
· 기브업 토크로 요구를 주고받는다.
· 성의의 마지노선을 정한다.

3단계

· 차분하게 'NO'라고 말한다.
· 개인이 아니라 조직 차원에서
  대응한다.
· 마지막 단계까지 오면
  적극적으로 방치한다.

[고객 대응 모드] [완전 격퇴 모드]

K점

갑질 고객을 확실히 물리치기 위해
꼭 새겨야 할 마음가짐

지금까지 고객 불만의 발생부터 해결까지의 3단계를 차례대로 살펴봤습니다. 이제 각 단계를 정확하고 효과적으로 실행하기 위해 기억해야 할 마음가짐을 소개합니다. 이는 컴퓨터 용어로 말하면 '초기설정'에 해당합니다. 스트레스를 최소한으로 줄이면서 올바르고 효율적으로 고객 불만에 대응하기 위해서는 사전 준비가 필요합니다. 속도감, 시야, 조직적 감각이라는 세 가지 관점을 바탕으로 의식과 감각을 조절하세요. 이것만 잘 익혀도 마음에 여유가 생깁니다.

1. 속도감을 조절하기

클레임을 받은 자리에서 당황한 모습을 보이면 어떤 고객이라도 화를 냅니다. 일상적인 업무에 쫓기고 있다는 이유로 갑자기 날아든 고객 불만을 뒷짐 지고 대하는 경우가 자주 발생합니다만, 클레임은 발생한 직후에 빠르게 대응해야 합니다.

한편으로는 고객의 클레임을 서둘러 수습하려 하면 안 됩니다. 초기 대응이 미숙해 짜증이 난 고객이나 과도한 요구를 집요하게 반복하는 고객 또는 사기를 노린 직업적 악질 고객과 마주하면 한시라도 빨리 끝내고 싶다는 생각이 듭니다. 그러나 해결을 서두르면 고객 불만 실태를 제대로 파악하지 못해 불만이 장기화하거나 갑질 고객이 놓은 덫에 걸릴 우려가 있습니다. 이럴 때는 다음과 같은 단계로 속도감을 조절해보세요.

1 손님을 기다리게 하지 말고 속도감 있게 행동해 단기전을 노린다.

2 장기전이 되더라도 클레임 실태를 놓치지 않고 차분히 행동한다.

3 상대방이 놓은 덫에 걸리지 않도록 지구전을 각오한다.

2. 시야를 조절하기

오늘날 클레임 대응 시 가장 힘든 점은 고객의 유형을 쉽게 파악할 수 없다는 것입니다. 언뜻 보기에는 선량한 시민인 것 같지만 알고 보니 대중 몬스터인 경우도 있으므로 담당자는 보이지 않는 불안에 시달립니다. 호통을 친 것만으로 악질 고객이라고 단정할 수는 없습니다. 다음과 같은 단계로 시야를 조절해 효율적으로 판단하는 근거를 수집합시다.

1 상대방의 클레임을 놓치지 않도록 시야를 넓혀 전체적인 상황을 파악한다.

2 클레임 실태를 파악하기 위해 차츰 시야를 좁혀 초점을 맞춘다.

3 시야를 닫아 상대방의 요구를 거절한다. 불합리한 요구에는 귀를 기울이지 않아도 된다.

3. 조직적 감각을 조절하기

아무리 유능한 담당자라도 갑질 고객을 혼자 상대하다 보면 좌절합니다. 평상심을 유지하기 위한 마지막 보루는 동료와의 연대입니다. 필요할 때는 동료에게 응원을 요청해야 하고, 그러기 위해서는 조직 차원의 협력이 필수입니다. 우선 자신부터 다음과 같은 단계로 조직적 감각을 조절해보세요.

1️⃣ 담당자로서 책임을 자각하고 개인 차원에서 대응한다. 스포츠 단체 경기와 마찬가지로 한 사람의 선수로서 최선을 다한다.

2️⃣ 고객과의 이야기가 복잡해질 것 같다면 혼자 대응하는 일은 위험하다. 동료, 상사와 함께 대응한다.

3️⃣ 고객이 도를 넘는 요구를 집요하게 반복하면 조직적으로 대응한다. 만약 조직 내에서 고립되어 있다고 느낀다면 주저 없이 상사와 의논한다.

2장

불합리한 요구를
끊어내는
말하기의 기술

ㄱ언어를
ㅈ언어로 바꿔라

고객은 왜 ㄱ언어를 싫어할까?

클레임을 건 고객은 표정에 드러나는지 아닌지를 떠나 대체로 분노의 감정을 안고 있습니다. 따라서 클레임을 원만히 해결하기 위해서는 무엇보다 먼저 상대방을 진정시키는 일이 전제가 되어야 합니다. 이때 대응을 잘못 하면 오히려 클레임이 장기화하는데, 가장 큰 원인이 앞서 언급한 ㄱ언어를 사용하는 것입니다.

(#) 구청 사례

구청의 주민 창구에서 나이 든 여성이 짜증을 냈다.

"아까도 말했잖아요. 증명서 떼러 왔다니까요!"

담당자는 당황한 기색이었다.

"잘 알겠습니다만, 필요한 서류를 갖춰 오셔야 증명서 발급 절차를 밟을 수 있어요."

여성이 담당자의 눈앞에 종이 한 장을 내밀었다.

"여기 있잖아요!"

이번에는 담당자가 응수했다.

"그러니까요. 누차 말씀드리지만 이걸로는 안 됩니다."

"그 말투는 뭐예요? 누굴 바보로 알아요!"

"그러니까요"라는 한마디에 상대방의 기분이 틀어진 사례입니다. 이는 단순히 고객의 성향이 문제라고 정리할 수 있는 상황이 아닙니다. "그러니까"가 아니라 "그러니까요"라고 높임말을 사용했으니 괜찮지 않느냐고 생각할 수도 있지만, 이 말 속에는 담당자의 태도가 분명히 담겨 있습니다. 그 언어는 상대방에게 이렇게 들립니다.

- "그러니까" : "잘 모르시는 모양인데"라며 무시하는 태도

- "그렇게 말씀하셔도" : "아무리 말해봤자 안 돼"라며 외면하는 태도

몇 년 전 택시기사 폭행 사건이 여러 건 발생하면서 언론에서도 이슈가 되었습니다. 저는 택시회사의 의뢰를 받아 갈등 방지 컨설팅을 했는데, 택시 내부에 설치된 한 블랙박스 영상을 보고 '그러면 그렇지'라고 생각한 적이 있습니다.

#️ 택시 사례

정장을 입은 중년 남성이 택시에 탔다. 거나하게 취한 그는 "직진, 아니 저 사거리에서 우회전!" 하고 느린 말투로 기사에게 지시했다. 기사는 묵묵히 운전을 계속했다. 그러나 언짢아진 승객은 "알아들었어? 왜 대답이 없어?" 하고 기사에게 다그쳤다. 그럴 때마다 기사는 "네"라고 작은 목소리로 대답했지만, 승객은 오히려 "제대로 듣고 있는 거야?" 하고 더욱 다그쳤다.

결국 참다못한 기사가 말했다.

"그러니까 '네'라고 대답했잖아요."

그 순간 승객이 고함을 쳤다.

"어디서 건방지게! 손님한테 대드는 거야?"

승객은 뒷좌석에서 몸을 내밀어 주먹을 휘둘렀다.

상식적으로 기사에게는 잘못이 없습니다. 기사의 입장에서 술 취한 손님은 상식이 통하지 않는 성가신 고객입니다. 하지만 그 손님도 힘들어서 택시를 탔을 것입니다. 근무 시간에 성실하게 일하고, 퇴근 시간이 지나서도 업무의 연장인 회식을 하며 걷지 못할 정도로 술을 마셨는지도 모릅니다.

녹록지 않은 삶을 살고 있다는 점은 갑질 고객이나 고객 서비스 담당자나 다르지 않습니다. 삶이 힘들기로는 늘 병원에 다녀야 하는 몬스터 환자가 으뜸일 것입니다. 그렇기 때문에 클레임에 대응할 때는 평상시보다 훨씬 세심한 배려와 감각이 필요합니다.

맞장구를 치며 ㅈ 언어로 연결하라

그렇다면 이런 경우에는 어떻게 대응하면 좋을까요? 클레임 대응 경험이 풍부한 직원이라면 상황에 따라 능수능란하게 대처할 수 있을 것입니다. 재치 있는 농담으로 순식간에 분위기를 누그러뜨릴 수도 있겠죠. 하지만 연륜이 쌓이기 전까지는 쉽지 않습니다.

ㄱ언어를 봉인하는 간단한 방법이 있습니다. ㄱ언어를 ㅈ언어로 바꾸는 것입니다. 즉 다음과 같이 ㅈ으로 시작하는 말로 바꾸는 것입니다.

- "그러니까" → "죄송합니다."

- "그렇게 말씀하셔도" → "잘 알았습니다."

- "그러나" → "죄송합니다."

앞선 구청 사례에서 주민이 "여기 있잖아요!"라고 했을 때 "그러니까요" 대신 "죄송합니다"라고 응했다면 불필요한 분노를 일으키지 않았을 것입니다. 뒤이어 "제 설명이 부족했나 보네요. 다시 설명해드리겠습니다"라고 말하면 됩니다.

상대방의 분노를 가라앉히고 해결의 실마리를 찾으려면 맞장구를 쳐 공감을 나타내는 일도 중요합니다. 다음과 같이 세 가지 종류의 맞장구를 익혀두면 좋습니다.

① "네", "그렇습니까?"

상대방의 이야기에 금방 공감할 경우에 사용합니다. 맞장구의 기본형이라 할 수 있습니다. 목소리 톤에 따라 다양한 뉘앙스를 전달할 수 있습니다.

② "맞습니다", "말씀하신 그대로입니다"

상대방의 의견에 깊이 공감할 경우에 사용합니다. 다만 너무 자주 쓰면 오히려 비꼬는 것처럼 들릴 수 있으니 주의가 필요합니다.

③ "그러셨군요"

상대방의 의견에 감탄하며 공감할 때 사용합니다. 이것도 너무 많이 쓰면 불쾌감을 줄 수 있으므로 주의해야 합니다.

맞장구를 치며 경청하는 동안 상대방의 불합리한 요구가 이어져 무심코 ㄱ언어가 나올 것 같으면 머릿속으로 얼른 ㅈ언어로 치환해야 합니다. 맞장구를 친 뒤 ㅈ언어로 이어가면 상대방도 서서히 흥분을 가라앉혀 대화가 부드러워질 것입니다. 이런 기술은 경험을 거듭하면 누구나 익힐 수 있습니다. 대사를 통째로 외우지 않아도 맞장구나 ㅈ언어를 준비해두면 만일의 경우에 사용할 수 있습니다.

하지만 ㅈ언어에 익숙하지 않은 분들은 여전히 불안할 겁니다. 그래서 쉽게 기억하는 방법을 알려드리려 합니다. ㄱ으로 시작하는 칭찬을 아시나요?

- "과연 대단하시네요."
- "그건 저도 처음 알았습니다."
- "굉장하세요."
- "감각이 좋으시네요."
- "그렇군요!"

이런 맞장구를 싫어하는 사람은 없습니다. 클레임을 처리할 때도 ㄱ으로 시작하는 핵심 문장을 기억해두면 유용합니다.

- "그렇군요. 실례했습니다."
- "그렇군요. 잘 알았습니다."
- "……."
- "그렇습니까?"

중간 부분의 말줄임표가 가장 중요합니다. 말로 표현하지 않더라도 고객 불만을 외면하지 않고 '책임감을 갖고 마무리하겠다'는 생각을 늘 잊지 않는 태도입니다.

초기 대응에서 절대 말하면 안 되는 다섯 마디

ㄱ언어 외에도 상대방의 분노를 유발하는 부주의한 말은 또 있습니다. 대표적인 예가 "회사의 규정(방침) 때문에", "업무 관행상"이라는 표현입니다. 이는 기업의 입장을 일방적으로 강요하는 것처럼 들릴 수 있습니다. 또 "보통은", "일반적으로는", "기본적으로는"이라는 말도 상황에 따라서는 상대방을 무시하는 인상을 줄 수 있습니다. 예를 들어 "보통은 그런 문제가 생기지 않습니다만" 하고 말하면, 듣는 사람은

"그럼 내가 특이해서 그렇다는 말이야?"라고 반응할 수 있습니다.

초기 대응에서는 상대방에게 불쾌감을 주는 말이 무엇인지 충분히 주의를 기울여야 합니다. 그러나 과잉 요구를 반복하는 악질 고객에게는 다릅니다. 정중하면서도 단호하게 잘라내는 태도가 필요합니다.

첫 5분 동안은 연기가 필요하다

초기 대응은 첫 5분 안에 결론이 납니다. 5분이라고 하면 짧게 느껴질지도 모르지만 상대방의 화난 목소리를 듣다 보면 상당히 길게 느껴질 것입니다. 하지만 긴장을 늦추면 안 됩니다. 클레임 초기 대응은 매뉴얼화하기가 비교적 쉽다고 생각하지만, 방심한 사이 뜻밖에 실패하는 경우도 많습니다.

"수화기를 내려놓기 전에 저도 모르게 한숨을 쉬었어요."

불만 고객을 대응할 때 이런 경우가 의외로 많습니다. 무사히 통화를 마친 뒤 한순간 방심한 탓에 다시 일이 꼬이는 경우입니다. 전화는 목소리만으로 커뮤니케이션이 이루어지기 때문에 목소리가 작다거나 말이 너무 빠르다는 불평을 듣기도 합니다.

호통 치는 상대방의 태도에 휘말려 자신도 모르게 목소리에 힘이 들어가 어느새 말다툼이 되는 경우도 있습니다. 또 고객의 집을 방문했을 때도 실실 웃는다, 인사를 건성으로 한다, 명함을 기분 나쁘게 준다는 이유로 호통을 듣기도 합니다.

작정하고 트집을 잡는 경우도 없지는 않지만 어쨌든 초기 대응에서는 연기가 필요합니다. 보여주기식 연기가 아니라 진심으로 사과하는 태도를 담은 연기를 펼쳐 보이겠다는 각오가 필요합니다.

주야장천 이어지는 불만을
강제 종료시키는 시간 전략

장소 옮기기와 설문조사로 분노 식히기

"상대방이 끊임없이 이야기를 해서 대화를 끝낼 타이밍을 잡을 수가 없습니다."

클레임 담당자 대부분이 상대방의 이야기를 어디까지 들어야 할지 몰라 어려움을 겪습니다. 특히 어르신 중 설교를 좋아하는 분들은 말하는 것 자체가 목적이기 때문에 대응하기가 더욱 어렵습니다. 심지어 외로움을 달래기 위해 고객 서비스 담당자에게 딴죽 거는 실버 몬스터도 많습니다.

클레임 대응 초기 단계에서는 상대방의 이야기를 경청하며 공감하는 것이 원칙입니다만, 갑질 고객의 이야기를 한없이 들어주어야 한다면 업무에 지장이 생길 뿐 아니라 갑질 고객의 전략에 휘말릴 가능성도 커집니다.

그렇다면 이런 갑질 고객을 어떻게 대해야 할까요? 경청의 자세를 염두에 둔 채 시간 구획을 정해 응대하면 됩니다. 예를 들면 클레임이 발생한 현장에서 초기 대응에 할애하는 시간을 5분으로 미리 정해두고, 5분이 넘어가면 다른 곳으로 장소를 옮겨 대응한다는 규칙을 만드는 것입니다. 장소를 바꾸는 것만으로도 갑질 고객의 흥분을 가라앉힐 수 있습니다.

또 5분이 지나면 미리 준비한 설문조사 용지를 내밀며 기재해달라고 요구하는 방법도 있습니다. 고객이 "내 말 아직 안 끝났어!"라고 한다면 "죄송합니다만, 시간이 많이 지체됐습니다. 이 용지에 말씀하시고 싶으신 내용을 적어주세요. 성함과 연락처도 부탁드립니다. 나중에 저희가 안내해드리겠습니다"라고 제안하는 것입니다.

이 경우, 이름과 연락처를 기재하는지 여부로 갑질 고객의 악질 정도를 측정할 수도 있습니다. 고객이 자신의 이름을 밝히고 민원을 제기한다면 주장의 신빙성이 비교적 높다고 판단할 수 있기 때문입니다.

늘어지는 전화 통화를 중단하는 한마디

불만 전화가 길어지거나 자주 걸려오는 경우에도 마찬가지로 시간 구획을 정해 응대합니다. 그러나 이때 "이미 여러 차례 전화를 주셨는 데요"라는 애매한 말투로 응대하면 고객이 분노를 가라앉힐 가능성이 낮아집니다.

⊛ 건강식품업체 사례

건강식품업체의 고객센터에 매일 오후 3시경 전화를 걸어오는 노인이 있었다. 용건은 상품에 대해 설명해달라는 사소한 것이었다. 이따금 콜백을 요구하기도 하는데, 가족이 대신 전화를 받는 것은 원치 않았는지 저녁이 되기 전에 전화를 해줘야 한다는 조건을 걸었다. 아무래도 온종일 전화기를 붙들고 사는 모양이었다.

노인은 매달 상품을 정기 구매하는 고객이었으므로 담당자는 노인의 전화를 거절하기 어려웠다. 담당자는 지칠 대로 지쳐 있었다. 나는 이렇게 조언했다.

"지금까지 통화한 내용을 정리해서 상대방에게 거절 의사를 표현해야 합니다."

다음 날 노인이 또 전화를 걸어와 비슷한 내용을 반복하려 했다. 이에 담당자는 부드럽게 거절 의사를 전했다.

"×월×일부터 오늘까지 총 ×차례 전화를 주셨습니다. 한 번 전화하시면 ×분 이상 통화하셨고요. 어르신, 죄송하지만 앞으로는 사소한 대화에는 응해드리기 어렵습니다. 저로서는 상품에 대해 설명해드리고 싶지만 회사 방침상 어쩔 수가 없어요."

담당자는 초기 대응에서 해서는 안 되는 금기의 말인 '회사 방침상'이라는 표현을 썼지만 이미 고객이 도를 넘은 요구를 한 상태이므로 이런 상황에서는 유효합니다.

상대방의 대화 태도에서 무언가 이상하다고 느꼈다면 빨리 태도를 바꿔야 합니다. '상대방의 말을 경청하고 커뮤니케이션을 잘해서 매끄럽게 해결하자'는 생각은 갑질 고객과의 대화에서는 통하지 않습니다. 갑질 고객의 말을 경청하는 동안 어느새 갑질 고객의 전략에 휘말릴 수 있기 때문입니다.

앞서 말했지만 갑질 고객과 통화를 할 때 시간 구획을 정하는 것이 효과적입니다. 2~3시간 연이어 불만을 쏟아내는 갑질 고객도 대개는 한 번의 통화로 원하는 바를 얻고 싶어 합니다. 아무리 갑질 고객이라 해도 다시 전화를 걸기 위해서는 마음의 준비가 필요하기 때문입니다.

이런 고객을 상대하는 직원들은 내게 종종 "중간에 전화를 끊으면 문제가 되지 않을까요?"라고 묻지만, 오히려 '중간에 전화를 끊어야만 하는' 경우가 훨씬 많습니다. 거절 표현은 어렵지 않습니다. 이렇게 정중하면서도 확실하게 대화를 중단해봅니다.

"정말 죄송합니다만, 지금은 결론을 낼 수 없으니 일단은 전화를 끊겠습니다."

그래도 상대방이 밀어붙인다면 이렇게 말해야 합니다.

"죄송합니다만, 저희는 그런 요구에는 응해드릴 수 없습니다."

이렇게 딱 잘라 말하고 수화기를 놓으면 됩니다. 고객이 "말하고 있는데 끊지 마!"라고 항의하거나 곧바로 다시 전화를 걸어왔다면 이렇게 거듭 말합니다.

"조금 전에 말씀드린 대로 저희는 그런 요구에는 응해드릴 수 없습니다. 실례하겠습니다."

세 번 정도 이렇게 하면 상대방도 꽤 에너지를 소모했을 것이므로 포기하고 물러설 확률이 높아집니다.

고객의 집을 방문했다면, 미끼를 던져 30분 안에 상황을 종료한다

갑질 고객의 집을 방문해 3시간 동안 대화했는데 도무지 받아들이지를 않는다며 불안해하는 직원을 상담한 일이 있습니다. 그런가 하면 술 취한 갑질 고객에게 '술안주'가 되어 온갖 하소연을 들어야 했던 담당자도 있습니다.

오랜 시간 버틴다고 좋은 결과가 나오는 것은 아닙니다. 갑질 고객의 집을 방문하는 경우에는 시간을 정하고 그 시간 안에 대화를 끝내는 편이 좋습니다. 보통은 30분 정도 이야기를 들으면 상대방의 주장을 이해할 수 있습니다. 경우에 따라서는 집 안에 들어가지 않고 현관에서 용건을 마쳐도 괜찮습니다.

(#) 통신설비 설치업체 사례

한 남성이 '전화가 지직거린다'며 통신 케이블 설치 회사에 클레임을 걸었다. 인터넷 전화에서 잡음이 들린다는 것이 주요 내용이었고, 상담원의 응대 태도와 회사 시스템에 대해서도 불만을 쏟아냈다. 회사 측에서는 통신 상태를 개선하기 위해 설치 담당자를 파견해 라우터를 교환해주었다.

통신 불량이 해소되자 남성은 이번에는 "상담원은 왜 안 보냈어! 어디서 건방지게 설치업자만 보내고 끝내려고!"라고 화내며 방문 사과를 요구해왔다. 결국 회사는 클레임 대응에 익숙한 담당자를 남성의 집에 보내 사과하도록 했다. 그러자 남성은 기세등등하게 자신이 알고 있는 통신 기술 관련 지식을 늘어놓으며 거기에 대한 답을 요구했다. 그 내용은 클레임과는 거의 관련이 없었다. 담당자에게 설교하면서 만족감을 느끼는 유형인 듯했다. 담당자는 미리 정한 응대 시간이 지나자 이렇게 말했다.

"제가 무릎이 좋지 않아서 다리를 펴고 앉겠습니다."

이 말은 상대방의 유형을 파악하기 위한 미끼였다. 만약 고객이 "사과하러 와서 무릎을 안 꿇겠다니!"라고 한다면, "차분히 설명을 드리고 사과도 드리려고 왔는데 무릎이 너무 아파서 더 이상 말씀을 못 드리겠습니다"라고 말하면 된다.

그러나 실제로 이 남성은 "그런 줄은 몰랐군" 하며 방석을 내왔다. 그런데 담당자는 방석 위에 앉지 못했다. 왜냐하면 남성이 망가진 안경을 일부러 방석 밑에 깔아놓았기 때문이다. 남성의 말은 그 후에도 계속 이어졌지만, 담당자는 이렇게 말하고 자리를 떠났다.

"말씀은 잘 알겠습니다. 그러나 저 혼자 판단할 수 있는 문제가 아닙니다. 중요한 일인 만큼 면밀히 협의해 답변 드리겠습니다."

이 담당자의 대응은 합격점입니다.

"고객들이 돌아가지 못하게 붙잡고 좀처럼 놔주지를 않는데, 이건 불법 아닌가요?"

이것도 내가 자주 받는 질문이다. "그럼 중간에 '이만 돌아가겠습니다'라고 말하면 되잖아요" 하니, 대개는 "그런 말을 할 수 있는 분위기가 아니에요"라고 말합니다. 그렇다면 2시간이든 3시간이든 붙잡아둔들 죄가 성립되지 않습니다. 내가 '돌아가고 싶다'고 의사 표시를 하지 않으면 강요죄가 성립되지 않기 때문입니다.

갑질 고객의 속마음을
꿰뚫는 질문의 요령

사실 확인과 실태 파악을 동시에 진행하자

상대방의 분노를 가라앉히려면 클레임 실태를 분명하게 파악해야 합니다. 이때 '사실 확인'과 '실태 파악'을 헷갈리지 않아야 합니다.

사실 확인이란, 문자 그대로 클레임 내용이 사실인지 아닌지를 조사하는 것입니다. 예를 들어 식품에 이물질이 들어 있다는 클레임을 받았다면, 검체(현물)를 가지고 돌아가 실제로 어떤 이물질이 혼입되었는지, 어떤 과정(제조, 유통, 소비 등)에서 이물질이 들어갔는지 등을 조사해야 합니다. 그리고 이 모든 과정을 시작하기 전에 영수증이나 주문 이력 등을 통해 구매 사실부터 확인해야 합니다. 파손된 상품에 대해서도 마찬가지로 사실과 원인을 검증해야 합니다.

직원의 서비스 태도를 두고 말투가 고압적이라거나 배려가 부족하다는 지적을 받았을 때는 당사자나 주변의 다른 직원을 통해 당시 정황을 확인해야 합니다. 이런 종류의 클레임은 특정 고객의 독특한 감성에 의해 제기되기도 합니다.

클레임에 대응할 때 사실 확인은 빼놓을 수 없는 과정입니다. 클레임을 제기한 고객이 답변을 기다리기 때문이기도 하지만, 기업 입장에서는 업무 개선으로 발전시킬 수 있는 유익한 정보가 포함되어 있을 수도 있기 때문입니다. 따라서 "결과를 보고하란 말이야!", "철저하게 조사해주세요"라는 요구에는 진지한 태도로 임해야 합니다. 전화 통화로든, 대면 또는 문서나 이메일 형태로든 정확하고 자세하게 보고해야 합니다.

그런가 하면 클레임 실태를 파악하는 과정은 사실 확인이라는 차원에서뿐 아니라 갑질 고객의 목적이나 동기를 파악하기 위해서도 필요합니다. 실태 파악이 어려운 이유가 여기에 있습니다. 악질 고객이 "내 책임이라는 거야?", "내가 자작극을 벌였다는 말이야?"라고 말하는 사례는 드물지 않습니다. 실태 파악이 어렵다는 이유로 미루면, 그 사이에 담당 직원의 스트레스는 점점 커집니다. 따라서 일정 시간이 경과하면 어떻게든 일단락을 지어야 합니다. 이 원칙을 전제로 악질 고객이 보이는 힌트를 놓치지 말아야 합니다.

악질 고객을 간파하는 일곱 마디 말

고객이 얼마나 악질인지, 얼마나 집요한지 판별하기는 쉽지 않습니다. 외모나 태도로 구분할 수도 없고, 고함을 친다고 해서 다 악질 고객인 것도 아닙니다. 그러나 "난 납득 못 해!"라는 말은 경계심을 가져야 할 중요한 힌트입니다. 이 말 속에는 '사실을 확인하는 과정이 충분하지 못하다'는 생각이 담겨 있는 경우도 있지만 '불만을 제기하면 특혜를 줄지도 모른다'는 불순한 동기가 숨어 있는 경우도 적지 않기 때문입니다.

이외에도 악질 고객과의 대화 중 뭔가 이상함이 느껴진다면 조심해야 합니다. 악질 고객임을 알 수 있는 힌트는 다음과 같은 말입니다.

· 악평을 퍼뜨리겠다고 위협하는 말

"인터넷에 올리겠다."

"SNS에 올리겠다."

"언론에 제보하겠다."

"전단을 뿌리겠다."

· 공공기관이나 감독기관에 고발하겠다고 위협하는 말

　"소비자단체에 신고하겠다."

　"보건소에 뛰어들어가겠다."

　"소비자원에 고발하겠다."

· 결론을 재촉하는 말

　"지금 당장 결론을 내라."

　"지금 당장 와라."

　"내가 지금 그리로 가겠다."

· 암암리에 금품이나 특혜를 요구하는 말

　"어떻게 보상할 거야?"

　"성의를 보여."

　"치료비 내놔."

　"정신적 고통을 보상해."

· 타사와 비교하는 말

　"B 사는 (내 요구에 따라) ○○를 해줬다."

· 회유하는 말

"이건 당신과 나 사이의 마음 문제다."

"나도 일을 크게 만들고 싶지 않다."

"쉽게 가자."

· 사회 통념에서 벗어난 사과를 요구하는 말

"무릎 꿇어."

"나가 죽어."

이 밖에도 "책임자 오라고 해!", "사과 편지 써!", "공식 사과문을 내!"라고 말하는 고객도 악질로 의심해야 합니다. 이런 대사를 남발하는 사람이라면 경계하는 것이 좋습니다. 사람이 화가 나면 기세에 휩쓸려 폭언을 하는 경우도 있지만, 보통은 흥분이 가라앉으면 자신이 지나쳤음을 깨닫고 물러서게 되어 있습니다.

고객 만족에서 위기관리로 태세를 전환해 성공한 사례

악질 고객의 특징은 말에 두서가 없다는 점입니다. 담당자를 선동하거나 깎아내리면서 원하는 바를 이루고자 하고, 시사 이슈를 꺼내 논점을 흐리기도 합니다.

"천하의 ○○사가 이렇게 대응하면 안 되지", "이러면 고객 입장에서 실망할 수밖에", "지금이 어떤 세상인데……" 같은 말을 일정한 간격으로 되풀이합니다. 이런 일도 있습니다.

(#) 슈퍼마켓 사례

지역 슈퍼마켓에서 있었던 일이다. 사건의 발단은 여성 직원의 태도가 불손하다는 30대 남성의 클레임이었다.

"반값 세일 상품의 가격표가 잘못되어 있기에 계산대를 향해 '여기! 아가씨!'라고 큰 소리로 불렀는데 오지를 않더군."

남성은 점장에게 이렇게 불만을 제기하고 돌아가는가 싶었지만, 그 후에도 끈질기게 전화를 걸어왔다. 결국 이 건은 고객 상담실로 넘어갔다.

"야마다라는 여자는 잘라야 하지 않겠어? 친절하지도 않고 말이야."

가슴에 단 명찰을 보고 여성 직원의 이름을 외운 모양이었다. "야마다에게 무릎 꿇고 사과하라고 해"라며 터무니없는 요구를 하더니 곧 낮은 목소리로 이렇게 하소연했다.

"밤새워 일한 뒤에 갓 만든 도시락을 사 먹는 게 하루의 낙이었는데, 마트 서비스가 나빠서 기분을 망쳤어. 이건 직원 잘못이 아니라 회사에서 교육을 안 해서 그런 거야."

이런 말도 덧붙였다.

"전에도 계산대 직원이 몇 번이나 계산을 잘못 해서 내가 얼마나 손해를 봤는지 몰라. 영수증을 보관한 건 아니지만."

맥락 없는 대화는 그칠 줄 몰랐다.

"그 여자는 인사도 제대로 안 하던데."

"죄송합니다. 직원 교육에 신경을 쓰겠습니다."

"반값 세일이라고 되어 있으면 당연히 사고 싶어진다고. 그런데 계산대에서 찍은 가격이 반값이 아닐 때 당신이라면 어떨 것 같아?"

"정말 죄송합니다. 원하시는 상품을 준비할 테니 가져가시죠."

"당신네는 도시락을 정말 잘 만들어. 특히 튀김을 잘해."

"감사합니다."

"내가 하는 일이 결산서를 만드는 거거든. 숫자가 맞는지 확인하는 게 내 일이라고. 그래서 항상 광고에 적혀 있는 가격과 영수증을 확인해."

"아, 그러십니까."

"까놓고 말해서 증거가 없으니 환불해달라고는 못 하겠네."

"네."

"나 법대 나왔어. 사법시험은 안 봤지만 법은 잘 안다고."

"그러시군요. 대단하십니다."

"한두 푼이 아까워서 이러는 게 아니야. 그쪽에서 보상해준다고 해도 현금이나 상품권으로 돌려받는 건 나도 내키지 않고."

공갈죄가 성립되지 않기 위해 조심하는 듯했지만, 그 와중에도 탐

욕스러운 기색이 역력히 드러났다. 그리고 마침내 남성은 본심을 드러냈다.

"돈 같은 거 필요 없다고 말하고 싶지만, 그러면 또 내 기분이 가라앉지 않을 것 같고. 무슨 말인지 알지? 왜, 클레임 해결할 때 보면, 고객이 잘못을 했더라도 작은 선물 같은 걸 들고 사과하러 가고 그러잖아."

말투는 정중했지만 금품을 달라는 요구였다.

이때 상대방의 전략에 휘말려 "그럼 사과드리러 찾아뵙겠습니다"라고 말하면 상대방이 원하는 바를 들어주는 꼴이 됩니다. 이럴 때는 '고객 만족'에서 '위기관리'로 태세를 바꾸어 클레임을 수습하는 쪽으로 분위기를 이끌어야 합니다. 다행히 이 담당자는 태세 전환을 잘했습니다. 후일담은 다음과 같습니다.

#

"지적해주신 내용이 회사에 큰 도움이 됐습니다. 감사합니다."

직원은 이런 말투로 종결 의사를 내비쳤다. 그러자 악질 고객은 거친 말투로 마지막 공격을 해왔다.

"당신, 나 못 믿어? 내가 증거가 없다고 하니까 뭐라고 떠들든 알 바 아니다, 이거야? 세상 무섭네. 내가 이 일로 우울증에 걸려서 일도 못 하게 되면 어쩌려고 그러시나?"

이쯤 되면 질질 끌기 작전이라고 해도 과언이 아니다. 거의 공갈에 가깝다. 이제부터는 "안 되는 일은 안 되는 겁니다"라고 확실히 선을 그어야 하는 단계다.

"그럼 어떻게 해드리면 좋으시겠습니까?"

"아무래도 야마다한테 사과를 받아야겠어."

"네, 사과하도록 전달하겠습니다. 하지만 야마다 씨를 해고하라거나 무릎을 꿇으라고 말씀하신다면 저희로서는 받아들일 수 없습니다."

"알았다고. 해고나 무릎 꿇는 건 안 해도 돼."

남성은 담당자의 단호한 말투에 다소 기가 꺾인 듯했다.

"잘 타일러서 향후 업무에 반영하도록 지시하겠습니다."

담당자의 마지막 말에 더 이상 할 말이 없어진 남성은 결국 이렇게 말했다.

"그래야지. 내가 그 말 한마디 들으려고 여기까지 온 거야."

담당자는 마지막 인사를 한 뒤 대화를 마쳤다.

"앞으로도 잘 부탁드립니다."

세 가지 모드로 본심 알아내기

상대방에게 휘둘리지 않고 적당한 간격을 둔 채 문제의 본질에 초점을 맞추는 일은 결코 쉽지 않습니다. 저도 클레임 관련 일을 하던 초기에는 균형을 유지하는 데 애를 먹었습니다. 처음부터 꼬치꼬치 캐묻거나 수사하듯 질문하면 악질 고객이 아니더라도 누구나 반감을 느낍니다. 그렇다고 모호한 태도를 보이면 핵심을 놓친 채 시간만 보내기 십상입니다.

이쯤에서 저는 악질 고객의 본심을 이끌어내는 질문 기술을 소개하려고 합니다. 제가 경찰로 재직하던 시절에 배운 질문 기술을 바탕으로 만든 것입니다.

거리나 역 앞에서 기습 질문을 던지는 것은 범죄를 단속하는 효과적인 방법입니다. 장소나 시간을 정하지 않고 불쑥 질문을 던지는 것이 핵심입니다. 법적 강제력도 없고 시민들의 도움도 없는 상황에서 원활하게 질문하기는 꽤 어렵습니다. 악질 고객을 상대할 때도 이와 비슷한 어려움이 있습니다. 구체적으로는 부탁, 기대, 추구라는 세 단계 모드로 이루어집니다.

1단계 : 부탁 모드

말하기 쉬운 분위기를 만들고 상대방의 이야기에 귀 기울이는 단계입니다. 초기 대응 규칙에 따라 "실례하겠습니다만"처럼 정중한 말투로 사실관계를 파악하도록 노력합니다. 질문을 시작한 뒤에는 대화의 60퍼센트 정도를 일상적인 내용으로 채웁니다. 제복을 입은 베테랑 경찰이나 사복형사라도 답변자를 날카롭게 노려보면 안 됩니다. 눈을 마주 보며 "바쁘신 와중에 죄송합니다만", "잠시 협조해주시겠습니까?" 등 정중하게 협력을 요청합니다. 그리고 특별한 의혹이 없으면 거기서 끝냅니다.

2단계 : 기대 모드

"그렇군요"라는 맞장구로 심기를 맞춰주면서 상대방의 언동을 관찰하는 단계입니다. 답변자가 협박조의 말을 하지 않는지, 이야기의 맥락이 앞뒤가 맞는지에도 주의를 기울입니다. 이 단계부터는 모호한 점이나 의문점이 있을 때 직설적으로 물을 수 있습니다. 다만 힐문하는 딱딱한 말투가 되지 않도록 주의합니다. "그런가요?", "그렇군요"라고 맞장구를 치면서 경청에 더 중점을 둡니다. 그러면 다소 집요하게 질문해도 상대방은 크게 불쾌감을 느끼지 않습니다. 그 와중에도 경찰은 동요하지 않은 채 상대방의 일거수일투족을 관찰합니다.

3단계 : 추구 모드

상대방의 본심을 끌어냈다면, "이런 방법도 한번 생각해보세요"라며 이쪽에서 해결책을 제안하는 단계에 들어갑니다. 또는 할 수 있는 일과 할 수 없는 일을 정한 뒤 상대방의 생각을 묻거나 "안 되는 건 안 되는 겁니다"라고 분명히 말합니다. 이 단계에서 경찰은 의혹을 지적하고 의심스러운 구석이 있다면 소지품을 제시해달라고 하거나 이름과 주소를 확인합니다. 경우에 따라서는 파출소에 동행할 것을 요구하기도 합니다.

고객의 집을 3인 1조로 방문해야 하는 이유

일본에서는 클레임이 발생하면 담당자가 실태 파악을 위해 고객의 집을 방문하기도 합니다. 이때 고객이 하는 이야기뿐 아니라 태도와 매너를 통해서도 파악할 수 있는 점이 있습니다.

일본에서 인기를 끈 형사 드라마 〈가택 수색(ガサ入れ)〉을 보면 수사관이 아무 곳이나 들쑤시고 다니는 게 아님을 알 수 있습니다. 용의자의 표정이나 몸짓을 관찰해 은폐 장소를 추측합니다. 예를 들어 어떤 용의자는 수사관이 거실을 수색할 때는 농담을 던지며 여유를 보이지만 침실을 수색할 때는 몹시 불안해합니다. 클레임 담당자는 사실 확인을 위해 스마트폰과 디지털카메라, 녹음기와 필기구, 증거 채집용 봉투와 밀폐 용기 등을 지참하는 것이 보통인데, 실태 파악을 위해서는 사물뿐 아니라 사람도 관찰해야 한다는 사실을 명심해야 합니다.

또 갑질 고객의 자택을 방문할 때는 여러 명이 함께 가는 것이 원칙입니다. 가장 이상적인 인원은 세 명입니다. 한 사람은 듣고, 또 한 사람은 기록하고, 나머지 한 사람은 집 밖에서 대기하고 있다가 갈등이 커질 것 같은 낌새를 감지하면 지원을 하거나 경찰에 신고합니다. 3인

1조로 고객의 집을 방문하면 세 명이 번갈아가며 고객을 상대할 수 있어 피로도가 줄어든다는 장점도 있습니다. 그러나 방문 전에 집 주변을 탐문하는 일은 고객의 기분을 상하게 할 수도 있으므로 주의해야 합니다.

과잉 요구도 시원하게
받아치는 기브업 토크

갑질 고객의 공세를 피하는 세 마디

어느 쪽의 실수인지 알 수 없는 상황에서 상대방이 집요하게 불합리한 요구를 반복한다면 '기브업' 하는 것이 상책입니다. '기브업'이라고 해서 상대방이 원하는 바를 다 들어주는 것이 아닙니다. 다음의 대표적인 세 마디를 활용해 '지금은 답변할 수 없다'는 메시지를 반복함으로써 전세를 역전시키는 것입니다.

"저 혼자 판단할 수 있는 문제가 아닙니다."

"중요한 일인 만큼 면밀히 협의해 답변 드리겠습니다."

"마음이 급하시겠지만, 지금 당장 답변 드릴 수는 없습니다."

그 자리에서 도망치거나 뒤로 물러서라는 말이 아닙니다. 숨을 고르면서 잠시 한 걸음 물러나라는 것입니다. 돌진해오던 갑질 고객은 목표를 잃고 스스로 무너질 것입니다.

유도의 몸쓰기 기술 중 뒤로 몸쓰기를 아십니까? 경기 중 한쪽 다리를 뒤로 빼 상대방과 마주 보는 것이 아니라 비스듬히 서는 자세입니다. 그런 이미지를 떠올리면 됩니다. 이런 예가 있습니다.

(#) 식료품점 사례

한 남성이 "문 닫기 직전에 거기서 산 다시마조림을 저녁으로 먹었더니 배가 아프다"라고 호소했다. 남성은 딱히 고통을 참는 모습은 아니었지만 지금 병원에 갈 생각이니 택시 요금을 달라고 말했다. 남성은 "점장은 어디 갔어?" 하며 좀처럼 기세를 굽히지 않을 것 같았다.

점장이 남성이 지참한 현물과 구매 이력을 확인해보니 상미기한(먹을 수 있는 기한을 나타내는 유통기한과 달리 식품의 맛과 신선도가 최고로 유지되는 기한이다 – 옮긴이)이 이틀이나 지나 있었다. 바로 현물을 냉동 저장했다.

병원에서 진료를 받은 남성은 컨디션이 좋지 않은 듯했다. 진료실에서는 화가 난 남성의 목소리가 새어 나왔다. 아무래도 의사와 말다툼을 하는 듯했다. 잠시 뒤 매니저가 진료를 마친 남성을 택시에 태워 집으로 보냈다. 향후 대응에 대해서는 나중에 다시 논의하기로 했다.

다음 날 점장은 상미기한이 지난 조림 반찬을 판매한 사실을 보건소에 알리고 현물의 병원균 검사를 의뢰했다. 그 뒤 남성의 집을 방문하기 위해 전화를 걸었으나 "아직 상태가 안 좋다"고 해 대화는 연기됐다. 이틀 뒤 점장은 매니저와 남성의 집을 방문해 사과했다. 그러나 남성은 점장이 경과를 보고하는 도중에 이야기를 끊고 이렇게 물었다.

"진료비는 어떻게 됐어?"

"네, 이번 진료비는 저희가 지급하겠습니다. 향후의 진료비는 진단서를 보고 나서 판단하는 편이 좋을 듯합니다."

그러자 남성은 당연하다는 듯 이렇게 말했다.

"휴업 보상부터 해! 벌써 사흘이나 일을 못 하고 있어. 내일도 일하러 갈 수 있을지 모르겠다고."

점장이 입을 다물고 있자 남성은 더욱 화를 냈다.

"우리 집 애도 아직 어리고, 살림살이도 넉넉지 않다고. 상미기한이 지난 음식을 팔았으니 그 정도는 해줘야 하는 것 아니야?"

"저 혼자 판단할 수 있는 문제가 아닙니다. 중요한 일인 만큼 면밀히 협의해서 답변 드리겠습니다."

여기서 상황을 모면하기 위해 "그렇습니까? 알겠습니다"라고 요구를 받아들이면 절대 안 됩니다. 기브업 토크로 응하는 게 현명합니다. 그러나 상대방이 납득하리라는 보장은 없습니다. "아, 그렇군요"라며 단번에 물러서는 경우는 매우 드뭅니다. 이 사례 속 남성도 납득하지 않았습니다.

(#)

"무슨 소리야! 나는 당장 다음 달 생활비부터가 걱정인데. 지금 당장 결론을 내!"

"급하신 사정은 알겠지만 당장은 그럴 수는 없습니다. 잘 협의해서 답변을 드릴 테니 성함과 연락처, 주소를 다시 한 번 정확하게 알려주시겠습니까?"

이번에는 남성이 질색했다.

"내가 개인정보를 왜 줘야 하는데?"

점장은 이렇게 응수했다.

"이번 건이 워낙 중대한 사안이라 잘 협의해서 답변 드리기 위해서는 성함과 주소, 연락처를 위에 보고해야 합니다."

이처럼 즉답할 수 없다는 입장을 관철하면 보통 갑질 고객도 서서히 기세를 굽힙니다. 그런데 이 남성은 한발 더 나아갔습니다.

"당신하고는 말이 안 통하니까 책임자 오라고 해!"

"제가 책임을 지고 충분히 협의해 답변을 드리겠습니다."

상황을 빨리 종결하고 싶은 갑질 고객은 결정권자와 이야기하고 싶어 합니다. 그러나 고객이 책임자를 불러오라고 한다고 곧바로 상사에게 넘길 필요는 없습니다. 우선 담당자로서 "제가 책임지고 답변 드리겠습니다"라고 이야기하는 편이 좋습니다.

다만 이때 "책임자가 와야 이 자리에서 결론이 날 것 아니야?"라고 되받아치는 고객도 있습니다. 실제로 중소기업 경영자나 자영업자들은 클레임의 최전선에서 고객을 직접 대응하는 경우가 많습니다. 이럴 때는 다음과 같은 기브업 토크로 클레임을 종결할 수 있습니다.

"제가 책임자입니다만, 고객님의 의견은 매우 중요하기 때문에 저 혼자 판단할 수 없습니다. 내부에서 협의해 성실하게 답변 드릴 테니 성함과 주소, 연락처를 알려주세요."

점장은 그렇게 반복했다. 그러자 남성은 이렇게 말하며 도발해왔다.

"그러고도 당신이 책임자라고 할 수 있어? 미덥지 못하게."

점장의 자존심을 흔들려는 속셈이었다. 하지만 점장은 침착하게 이렇게 말했다.

"네, 제가 많이 부족합니다."

즉 기브업 토크란 상대방이 짠 프레임에 휘말리지 않는 것입니다. 여기서 소개하는 표현은 악질 고객이 자주 내뱉는 위협적인 발언 대부분에 써먹을 수 있습니다.

"당장 그리로 갈 테니까 기다려!"라고 말하면 "마음이 급하시겠지만, 지금 당장은 어렵습니다"라고 응합니다.

"치료비를 내라", "정신적 고통을 보상해"라고 요구하면 "저 혼자 판단할 수 있는 문제가 아닙니다", "중요한 문제이니 내부에서 협의를 거쳐 답변 드리겠습니다"라고 대응하면 됩니다.

"사과문 써서 보내!", "공식 사과문을 내!", "문서로 적어와!"라고 윽박지르는 경우도 있습니다. 이 요구를 선뜻 받아들여선 안 됩니다. 악질 고객은 편지에 쓰인 내용을 자신에게 유리한 방향으로 확대 해석해 이렇게 저렇게 공격해올 가능성이 있기 때문입니다. 예를 들어 "마음을 다해 응대하겠습니다"라는 문장을 방패삼아 터무니없는 보상을 요구하기도 합니다. 이때 담당자는 "저 혼자 판단할 수 있는 문제가 아닙니다. 중요한 일인 만큼 내부에서 면밀히 협의해 답변 드리겠습니다"라고 말한 뒤 일단 회사로 돌아와 상사나 변호사와 협의해야 합니다.

즉각적인 대응은 위험!
요령 있게 사과해 시간을 벌어라

재촉하는 갑질 고객은 이렇게 응대하자

결론을 재촉하는 것은 갑질 고객의 상투적인 수법입니다. "지금 당장 ○○해!"라는 요구는 "급하시겠지만 지금 당장은 어렵습니다"라는 기브업 토크로 헤쳐 나가는 것이 기본입니다. 그런데 머리로는 이해해도 막상 상황에 직면하면 머뭇거리게 됩니다. 고객을 만족시켜야 한다는 사명감이 있는 성실한 직원일수록 그런 경향이 강합니다. 담당자로서 '설명 책임'을 완수해야 한다는 의무감이 발동하기 때문입니다. 그러나 "지금 당장 와!", "빨리 처리해!", "이제 못 기다려!"라고 윽박지른다고 해서 반드시 그 지시를 따를 필요는 없습니다.

(#) 음료 제조사 사례

"뚜껑을 열다가 손가락을 베었습니다."

한 음료 제조사의 도쿄 본사에 클레임 전화가 걸려왔다. 20대 후반의 남성으로 에너지 드링크 캔을 따다 상처를 입었다는 것이다.

"나는 지금 일하는 중이니 당장 이리로 와줘요!"라며 담당자에게 몹시 화난 목소리로 말했다. 남성은 공사 현장에서 일하다 작업 중에 다친 모양이었다. 담당자는 남성의 목소리에 압도당해 "네, 바로 방문 드리겠습니다"라고 대답했다.

그런데 남성이 있는 곳은 도쿄에서 기차로 2시간이 걸리는 간사이 지역이었다. 담당자는 인근 지점에 업무를 연계하여 대응하는 방안을 검토했다. 내 휴대전화가 울린 것은 그 직후였다. 간사이 지점의 영업소장에게 걸려온 전화였다.

"지금 도쿄 본사에서 전화가 왔습니다만, 몹시 화가 난 고객이 '지금 당장' 오라고 했다는데 저 혼자서는 불안해서요. 동행해주시겠습니까?"

"어제 강연이 있어서 지금 도쿄에 머물고 있습니다. 바로 가기는 어려울 것 같은데 상황이 심각합니까?"

영업소장은 대략적인 상황을 전해주었다. 남성은 원래 이 음료를 좋아해 평소 자주 마시는 모양이었다. 자기 말로는 하루에 두세 캔을 마신다고 했다. 그만큼 단골인데도 제조사에 분노를 터트린 것이다.

캔 음료 뚜껑을 따다가 손을 다치는 일이 흔하진 않지만 이 정도로 분노를 쏟아내는 것은 자연스럽지 않습니다. 저는 남성에게 전화해 상황을 물었습니다.

(#)

"아까는 저희 담당자가 실례를 범했습니다. 상처는 좀 어떠신가요?"

"병원에 갈 정도는 아니지만 반창고를 붙여서 지금은 피가 멎었어요."

나는 긴급한 사태가 아님을 확인한 뒤 이렇게 사과했다.

"불편을 끼쳐드려 대단히 죄송합니다. 화가 나셨다는 전화를 받고 저희 담당자가 곧바로 방문한다고 말씀을 드렸습니다만, 지금 당장은 방문 드릴 수 없을 것 같습니다. 죄송합니다만, 지금 통화할 시간이 되실까요?"

남성은 냉정함을 되찾은 듯했다. 잠시 뒤, "업무에는 지장이 없으시고요?", "병원에는 다녀오셨습니까?" 같은 이야기를 나눈 끝에 결국 남성으로부터 "됐어요. 안 와도 돼요"라는 대답을 들을 수 있었다.

마지막으로 "저희 제품을 한 세트 보내드리겠습니다"라고 했더니 남성은 "고맙습니다. 그 정도면 일주일은 마시겠네요"라며 쓴웃음을 지었다.

저는 고객 서비스 담당자들에게 이런 질문을 많이 받습니다.
"바로 방문하겠다고 약속을 해버렸는데 나갈 수 있는 상황이 아닙니다. 어떻게 하죠?"
그럴 때는 정중하게 약속을 철회하고 사과하면 됩니다. 어차피 준비가 부족한 상태에서는 고객을 대면해도 얻을 수 있는 게 없습니다. 오히려 상대방이 정한 시간에 맞춰 가지 못하면 2차 클레임으로 번질 수 있습니다. 담당자는 완벽하게 대응하려고 한 나머지, 하지 않아도 되는 일을 해 클레임을 장기화하거나 2차 클레임을 일으키기도 합니다.

시간을 버는 것도 훌륭한 전술이다

이야기가 잘 풀리지 않을 때는 오히려 시간을 버는 것의 장점을 최대한 이용하는 편이 좋습니다. 예를 들어 상품의 하자를 조사하는 일에 일정한 시간을 확보하는 것은 사실관계를 분명히 확인하는 데 필요한 과정일 뿐 아니라 담당자 입장에서는 준비 시간을 확보하는 것으로도 연결됩니다.

"구매한 지 얼마 안 된 냉장고에서 물이 새어 마룻바닥이 변색했어."

가전업체 서비스 센터에 한 중년 남성이 클레임 전화를 걸어왔다. 노기를 띤 목소리에 긴장감이 묻어났다. 전화를 받은 담당자가 사실관계를 확인하려 하니 남성은 한층 목소리를 높이며 소리를 쳤다.

"뭐라고 지껄이는 거야! 냉장고 안에서 음식이 다 썩어가고 있다고. 당장 바꿔줘! 마룻바닥도 흠뻑 젖었으니까 마룻바닥 수리비도 지급해! 우리 아내가 지금 임신 중인데, 수리가 늦어져서 미끄러져 넘어지면 당신들이 책임질 거야? 그리고 나한테도 휴업 보상을 해. 냉장고 때문에 오늘 회사를 못 나갔다고."

이 사례에서는 남성의 요구 범위가 너무 넓어서 사실 확인과 함께 대응책을 검토해야 했습니다. 결국 그날 담당자가 남성의 집을 방문해 사과한 뒤 현장 사진을 촬영했고, 피해 감정에 일주일이 소요된다는 사실을 전달했습니다. 결국 냉장고를 무료로 수리해주고 바닥 보수비를 지급했지만 그 이상의 보상은 면할 수 있었습니다.

궁극의 기브업 토크,
'그러시면 화법'을 활용하라

인터넷 몬스터는 '그러시면'으로 맞선다

기브업 토크를 위해 기억해두면 편리한 표현이 '그러시면 화법'입니다. '그러시면 화법'이란, "그러시면 곤란합니다", "그러시면 힘들어집니다", "그러시면 무섭습니다"입니다. 갑질 고객의 불합리한 요구에 답변하는 것이 아니라 나로서는 방법이 없다는, 속수무책인 상태를 호소하는 방법입니다.

예를 들어 요즘 인터넷에 올리겠다는 갑질 고객이 증가하고 있습니다. 예전에는 언론에 제보한다, 전단을 뿌리겠다는 말이 상투적이었지만 지금은 인터넷에 올리겠다는 말이 가장 위협적입니다. 특히 기업과 매장이 자사 제품을 광고할 때 SNS를 활용하는 일이 필수가 되면서 홈페이지와 블로그뿐 아니라 트위터와 라인, 페이스북과 인스타그램 등을 통해 고객과의 접점이 점점 많아지고 있습니다.

그러나 SNS는 사업 기회를 확장하는 동시에 클레임의 온상이 되기도 합니다. 갑질 고객이 "인터넷에 올릴 거야!"라는 위협에 무심코 "올리시면 안 됩니다"라고 말하는 것은 금물입니다. 그렇게 말하는 순간 갑질 고객과 담당자 사이의 균형이 무너지기 때문입니다. 인터넷에 올린다거나 언론에 제보한다거나 트위터에 올린다고 위협해도 "그러시면 곤란합니다. 하지만 저희가 왈가왈부할 권리는 없죠"라고 상대방의 말을 받아들이면 됩니다.

⚓ 식품 제조사 사례

식품 제조사의 영업 담당자가 고객의 자택을 방문했을 때였다.

"이거 이물질 맞지? 이런 걸 어떻게 먹어!"

중년 남성은 쩌렁쩌렁한 목소리로 고함을 쳤다. 차림새는 지극히 평범했고, 차고에는 고급 승용차가 주차되어 있었다. 클레임을 걸어 한몫 챙기려는 악질 고객은 아닌 듯했다.

일주일 전, 남성은 이 회사의 요거트 속에 쓰레기가 들어 있었다며 전화를 걸어왔다. 응대한 서비스 센터 담당자는 평소와 다름없이 절차에 따라 사과를 하고 사실 확인에 들어갔다. 그러나 담당자가 딱히 실언하지 않았음에도 남성의 분노는 점점 극에 달해 결국 일방적으로 전화를 끊고 말았다. 당시 다른 식품업체의 이물질 사건이 언론에서 크게 보도되고 있었는데, 남성은 그 일에 꽤 영향을 받은 것 같았다. 남성은 담당자를 현관 입구에 세워둔 채 계속 불평을 늘어놓았다.

"내가 전화를 한 게 언제야? 어제오늘인가? 아니야! 벌써 일주일이나 지났어! 왜 바로 오지 않고 이제 온 거야?"

"고객님께서 전화를 일방적으로 끊으셔서 우선 전화를 기다리는 게 도리라고 생각했습니다."

"그럼 대체 언제 방문할 작정이었어? 음식에 이물질이 들어갔다고. 행여나 그사이에 몸이 안 좋아졌으면 어쩔 뻔했어!"

"죄송합니다. 일단은 약속을 한 뒤 방문하려고 생각했고, 오늘 오후 4시에 방문하라는 지시를 어제야 받아서 이렇게 찾아뵌 겁니다."

담당자는 우물쭈물 사정을 설명하려 했지만 남성의 분노는 격렬해질 뿐이었다.

"오면 온다고 먼저 전화를 해야 하는 거 아냐? 내 전화 기다린 척 그만하고 내일 다시 와."

남성은 소리쳤다. 마침내 담당자는 입을 다물고 말았다. 남성은 더욱 윽박질렀다.

"너희 회사는 인터넷에나 올라가야 제대로 대응을 하는 모양이군. 그렇다면 회사 이름까지 아예 실명으로 올려주지."

남성은 '인터넷에 올리겠다'는 필살의 한마디를 던졌습니다. 담당자 입장에서는 위가 쓰릴 정도로 스트레스를 받았겠지만 여기서 "인터넷에 올리시면 안 됩니다. 그러지 마세요"라고 애원해서는 안 됩니다. "그럼 나한테 뭘 해줄 거야?"라는 갑질 고객의 요구 수준만 더 높아지기 때문입니다. 이 무렵 담당자가 제게 도움을 청해왔습니다.

#

영업 담당자가 내 휴대전화로 전화를 걸어왔다.

"지금 잠깐 괜찮으십니까? 상담할 일이 있어서요."

낮게 가라앉은 목소리가 들렸다. 담당자는 지금까지의 경위를 짧게 설명한 뒤 내게 조언을 구했다. 나는 문제 해결을 위해 담당자와 함께 남성의 집을 방문했다. 남성은 같은 요구를 반복하고 있었다. 나는 남성의 이야기를 들은 뒤 고개를 숙였다.

"저희의 실수로 불편을 끼쳐드려 대단히 죄송합니다. 거듭 사과드립니다."

그러나 남성은 뚱한 표정으로 아무런 대답이 없었다. 꽤 오랫동안 이 일로 화를 낸 탓인지 갑자기 조용히 마무리하기가 겸연쩍은 모양이었다. 남성은 현관 앞에서 담배를 피우며 이렇게 단언했다.

"구멍가게에서 나온 것도 아니고 이제 좀 제대로 된 사과를 해야 하는 거 아냐? 인터넷에 유포한다!"

남성의 말에 동행한 담당자는 질린 표정이었다. 나는 이렇게 되받아쳤다.

"인터넷에 올리신다고요? 그러시면 곤란합니다. 하지만 고객님의 행동에 대해 저희가 이러쿵저러쿵 말할 처지는 못 되죠."

남성은 순간 '어라?' 하는 표정이 됐다. 그 후 남성의 흥분이 서서히 가라앉았다.

이렇게 '그러시면 화법'으로 맥빠지는 상황을 만들면 갑질 고객은 단절감을 느낍니다. 소비자 단체에 고발한다거나 보건소에 알리겠다, 또는 소비자원에 신고하겠다고 으름장을 놓아도 "그러시면 곤란합니다. 하지만……"이라고 응대하면 됩니다.

여기에 더해 "정부가 마련한 방침이 있다면 거기에 따르겠습니다"라고 말하면 더욱 확실해집니다. '그러시면 화법'의 기본은 "그러시면 곤란합니다"이지만 "그러시면 힘들어집니다", "그러시면 무섭습니다"라고 비슷하게 사용할 수 있습니다. 예를 들어 "어쩔 거야?"라고 윽박지르면 "그렇게 다그치시니까 제가 당황해서 어떻게 해야 할지 떠오르지 않습니다"라고 대응하는 것입니다. "장난해?"라고 고함을 치면 "소리지르지 마세요. 자꾸 그러시면 제가 무서워서 말씀을 못 드립니다"라고 말하면 됩니다.

앵무새 화법으로 과한 느낌을 준다

상대방이 짠 프레임에 휘말리지 않는다는 관점에서 상대방의 의견에 동의도 반대도 하지 않은 채 그대로 되돌려주는 방법도 효과적입니다. 상대방의 주장에 의구심이 들거나 공포감이 들 때 시도해보세요.

예를 들어 "너무 아파서 밤에 잠을 못 자"라고 자신의 컨디션을 과장하는 갑질 고객에게는 "너무 아프셔서 밤에 잠을 못 주무시는군요"라고 대답하는 것입니다. 절대로 "사실인가요?"라고 물으면 안 됩니다. 또 "나가 죽어!"라고 폭언을 퍼붓는 갑질 고객에게는 "나가 죽으라고요? 그러시면 무섭습니다"처럼 '그러시면 화법'을 연결해도 좋습니다. 그래도 공갈이 계속된다면 "경찰과 의논하겠습니다", "변호사와 의논한 뒤 말씀드리겠습니다"라고 하면 됩니다. 이렇게 하면 대부분의 갑질 고객은 더 이상 윽박지르지 않습니다. 다음 경우처럼요.

의류 판매 회사 사례

중년 남성이 의료 판매 회사의 콜센터에 클레임 전화를 걸어왔다. 그 기세에 두려움을 느낀 담당자를 대신해 내가 응대했다. 그러나 남성은 내 설명에도 전혀 귀를 기울이지 않았다.

"교환? 쿠폰? 그걸 왜 너희가 결정해? 머리가 어떻게 됐냐? 무슨 말인지 몰라?"

나는 더는 대화가 불가능하다고 판단해 태세를 바꿨다.

"자꾸 소리를 지르셔서 대응할 수 없으니 전화를 끊겠습니다."

"내 말이 시끄럽다고? 이런 ××. 손님한테 어디서 건방지게. 나가 죽어!"

"나가 죽으라고요? 그러시면 무섭습니다. 경찰과 의논하겠습니다."

그러자 남성은 "에이, 기분 더러워" 하고 전화를 끊었다. 그런데 얼마 후 다시 전화가 왔다. 남성은 이상한 논리로 자신의 말을 이렇게 얼버무렸다.

"말은 그렇게 했지만 저 그렇게 나쁜 사람 아니에요. 나가 죽으라고 한 것도 말만 그렇게 한 거예요."

법률에 따른 거절과
경고로 물리쳐라

무리한 요구도 부드럽게 거절하는 3단계 화법

갑질 고객이 분노에 못 이겨 욕설만 반복할 때는 기브업 토크로 대부분 가라앉힐 수 있습니다. 그러나 이따금 여전히 안하무인으로 무리한 요구를 들이미는 고객도 있습니다. 이쯤 되면 확신범으로, 상식에서 완전히 벗어난 흑색 지대에 속하는 악질 고객인 경우가 많습니다.

예를 들어 "성의를 보여!"라는 위협적인 말의 배경에는 금품이나 특혜를 바라는 마음이 숨어 있습니다. "위자료 줘!", "손해 보상 해!"라고 말하는 갑질 고객도 있습니다. 또 "무릎 꿇어!", "쟤 해고해!" 같은 터무니없는 요구를 하기도 합니다. 이럴 때는 3단계로 갑질 고객의 요구를 되받아칩니다.

① 1단계 : "죄송합니다"

공손한 말투로 거부 의사를 전합니다.

② 2단계 : "죄송합니다만, 어렵습니다"

사과의 말을 앞세워 부드럽게 거절합니다.

③ 3단계 : "할 수 없습니다"

단호하게 거부합니다.

#️ 제조사와 슈퍼마켓이 공동 대응한 사례

대형 슈퍼마켓에서 판매하는 이유식을 먹은 아이가 알레르기 증상을 일으켜 구급차로 호송되는 사고가 일어났다. 이유식을 구매한 엄마는 제품 성분 표시가 미비했다며 업체에 책임을 물었고, 진열 방식을 문제 삼아 슈퍼마켓에도 클레임을 걸었다.

"이유식을 먹고 30분 뒤에 온몸이 부어오르더니 호흡도 곤란해졌어요. 지금 입원 중이니까 지금까지 나온 치료비를 모두 지급해주었으면 합니다."

사실 확인을 해보니 아이는 급성 알레르기 반응을 일으킨 것이 맞지만, 아이 엄마가 제품 성분 표시를 면밀히 살펴보고 구매한 것은 아니었다. 제품 뒷면에는 성분 표시가 제대로 되어 있었고, 만일의 경우에 대비해 "이유식이 아닙니다"라는 문구도 기재되어 있었다. 식품위생법상 아무런 문제가 없었다.

또 슈퍼마켓 측의 진열 방법을 되짚어봐도 소비자를 혼란스럽게 하는 광고물은 찾아보기 어려워 문제가 없다는 결론이 나왔다. 이에 식품 제조사와 슈퍼마켓은 공동으로 대응 방침을 정리해 아이 엄마와 면담했다. 하지만 아이 엄마는 회사 측의 설명에 귀를 기울이지 않았다.

"이렇게 적어놓으면 누구나 헷갈릴 수밖에 없어요. 게다가 이 상품이 이유식 바로 옆에 진열되어 있었다고요."

회사 측은 병문안을 겸해 아이의 엄마를 거듭 만났지만 이 고객의 태도는 오히려 강경해졌다.

"성의를 보여요! 위자료를 지급하세요!"

이에 따라 회사 측은 이렇게 응답했다.

"제품 표시법과 판매 방식에 문제가 없었으므로, 정말로 죄송합니다만 비용은 부담해드릴 수 없습니다."

이후에도 아이의 엄마는 비용 부담을 요구했지만 그때마다 회사는 "유감입니다만, 종합적인 판단에 따라 응해드릴 수 없다는 결론에 도

달했습니다"라는 말만 반복했다.

기대가 강한 고객일수록 "왜 안 된다는 거야?"라며 집요하게 추궁하는 경우가 많습니다. 저는 이런 경우에 "종합적인 판단으로"라든지 "사회 통념상"이라는 표현을 써서 거절 의사를 전달합니다. 이런 표현은 보통 고객을 무시하는 듯한 뉘앙스를 풍겨 금기어로 여겨지지만, 이 사례처럼 고객의 악의가 분명히 느껴진 시점부터는 더는 고객으로 대우할 필요가 없습니다.

재판에 대비한 5단계 경고

집요한 갑질 고객을 물리치기 위해 때로는 단계적 경고를 보내기도 합니다. 예를 들면 갑질 고객이 협상하기 위해 회사를 찾아와 같은 요구를 수차례 반복하며 시간을 끌고 돌아가지 않는다고 합시다. 아무리 상대방이 돌아갈 기색이 보이지 않는다고 해도 협상을 전제로 방문한 이상 강제로 돌아가라고 할 수는 없습니다. 이 경우에는 "더는 드릴 말씀이 없습니다. 업무에 방해가 되니 이만 돌아가주세요"라고 말합니다. 즉 직원을 오랫동안 붙잡아두는 점에 대해 "민폐가 되니 돌아가십시오"라고 명확하게 전달할 필요가 있습니다. 그래도 돌아가지 않는다면 이렇게 말할 수 있습니다.

"돌아가지 않으시면 경찰에 신고하겠습니다."

그래도 계속 눌러앉아 있다면 경찰 긴급전화로 신고합니다. 다소 번거롭지만 이러한 절차를 밟아야 하는 이유는 혹시라도 재판에 회부되었을 때 "왜 처음부터 주의를 주거나 관련 조치를 하지 않았는가?" 또는 "돌아가지 않는 고객을 방치해 악질의 정도와 범죄성을 부추긴 것이 아닌가?"라고 오해를 받을 수도 있기 때문입니다.

변호사의 말에 따르면, 세 번 돌아가라고 말해도 돌아가지 않으면 퇴거불응죄에 해당한다고 합니다. 돌아가라는 분명한 의사 표시를 세 번 했는데도 상대방이 계속 눌러앉아 있다면 퇴거불응죄가 성립합니다. 클레임 현장에서는 다음의 다섯 단계를 밟으면 실수할 확률이 줄어듭니다.

"더 이상 대응할 수 없습니다." ➡ "업무에 차질이 생깁니다." ➡ "돌아가세요." ➡ "경찰에 신고하겠습니다." ➡ "경찰에 신고했습니다."

고객의 집에 주야장천 붙잡혀 있는 경우에도 "당장은 결론을 낼 수 없으니 일단 돌아가겠습니다"라고 용기 있게 말해야 합니다. 만일 상대방이 무리하게 만류하거나 붙잡아둔다면 이는 강요죄에 해당해 위법 행위를 한 것으로 간주됩니다.

과한 사과는 자신을 망친다

무릎을 꿇으라거나 일을 그만두라는 것도 명백히 지나친 요구입니다. 갑질 고객은 상대방에게 잘못을 인정하게 하고 분노를 터뜨림으로써 스트레스를 풀려는 경향이 있습니다. 그러나 무릎을 꿇게 하거나 해고를 강요하는 일은 엄연히 강요죄에 해당합니다. 행여 직원에게 잘못이 있다 해도 무릎을 꿇거나 회사를 그만둘 의무는 없습니다.

무엇보다 무릎도 꿇을 수 있어야 서비스 정신이 투철하다고 생각하는 의식부터가 잘못입니다. 일본에서는 죄를 지은 기업 총수가 사과 기자회견에서 무릎을 꿇은 일이 화제가 된 적이 있습니다만, 당시 기업의 태도를 묻는 여론은 없었습니다. 이제 무릎을 꿇는 것을 성실함의 잣대로 삼는 시대는 지났습니다.

갑질 고객 대응에 유용한 법률 지식

1. 퇴거불응죄 (형법 제319조 제2항)

정당한 이유 없이 사람이 주거하거나 관리하는 주택, 건조물 혹은 함선에 침입하거나 퇴거 요구를 받았음에도 퇴거하지 않은 자는 3년 이하의 징역 또는 500만 원 이하의 벌금에 처한다.

예) "돌아가세요"라고 말해도 회사나 매장에 계속 머물러 있는 경우

2. 업무방해죄 (형법 제314조)

허위 사실을 유포, 기타 위계 또는 위력으로써 사람의 업무를 방해한 자, 컴퓨터 등 정보처리장치 또는 전자기록 등 특수매체기록을 손괴하거나 정보처리장치에 허위의 정보 또는 부정한 명령을 입력하거나 기타 방법으로 정보 처리에 장애를 발생하게 하여 사람의 업무를 방해한 자는 5년 이하의 징역 또는 1,500만 원 이하의 벌금에 처한다.

예) 사무실이나 매장에서 고함을 지르며 떠들거나 책상을 두드리는 등 업무를 방해한 경우

3. 강요죄(형법 제324조)

폭행 또는 협박으로 사람의 권리 행사를 방해하거나 의무가 아닌 일을 하게 한 자는 5년 이하의 징역 또는 3,000만 원 이하의 벌금에 처한다.

예) 무릎을 꿇으라거나 퇴사하라고 강요하는 경우, 무리하게 사과문을 쓰게 하거나 돌아가고 싶다는 의사를 표현했음에도 붙잡아두는 경우

4. 협박죄(형법 제283조)

사람이나 그 친족의 생명, 신체, 자유, 명예, 재산 따위에 해를 끼칠 것을 협박하여 타인의 권리와 의무를 침해한 자는 3년 이하의 징역 또는 500만 원 이하의 벌금, 구류, 과료에 처한다.

예) "죽여버린다!", "내가 화나면 무슨 일을 저지를지 몰라!" 등 으름장을 놓는 경우

5. 공갈죄(형법 제350조)

사람을 공갈하여 재물의 교부를 받거나 재산상의 이익을 취득한 자, 사람을 공갈하여 제삼자로 하여금 재물의 교부를 받게 하거나 재산상의 이익을 취득하게 한 자는 10년 이하의 징역 또는 2,000만 원 이하의 벌금에 처한다.

예) "위자료로 ○○○ 지급해!", "손해 보상 해!" 등 금품을 요구한 경우

직원의 서비스 태도에 클레임을 거는 경우에도 해당 직원의 업무나 신분을 빼앗는 일은 허용되지 않습니다. 직원의 서비스 태도에 대한 클레임이라면 "직원 교육을 철저하게 할 테니 처분은 당사에 맡겨주십시오"라고

말해야 합니다. 무릎을 꿇리거나 그만두라고 요구하면 "인권 차원에서 그런 요구는 받아들일 수 없습니다"라고 말해서 그 요구가 인간의 존엄과 인격을 해하는 일이라는 것을 주지시켜야 합니다. 앞에서 말한 앵무새 화법을 병행하면 더욱 효과적입니다.

"무릎을 꿇으라는(혹은 해고를 하라는) 말씀이시군요. 그것은 강요죄에 해당하므로 저희로서는 그냥 넘어갈 수 없습니다."

이렇게 분명히 이야기해야 합니다.

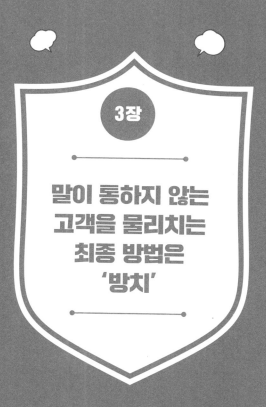

3장

말이 통하지 않는
고객을 물리치는
최종 방법은
'방치'

집요한 갑질 고객은
냉정하게 방치해도 된다

취해야 할 절차를 마쳤다면 남은 방법은 '방치'

지금까지 살펴본 것처럼 갑질 고객을 물리치는 방법은 무척 간단합니다. 도를 넘은 요구는 '기브업' 하고 부당한 요구는 단호히 거절하면됩니다. 이렇게 하면 분명히 끝이 보일 것입니다. 그리고 마지막 단계는 '방치'입니다. 조직적으로도 취할 수 있는 조치를 모두 취했다면, 이제 클레임이 수습될 때까지 아무런 반응을 보이지 않은 채 상대방이 포기하고 물러나기를 기다리면 됩니다. 이 방법을 실천하기를 어려워하는 사람이 무척 많은데, 말이 통하지 않는 고객은 방치해도 괜찮다는 사실을 알고 나면 클레임 대응이 훨씬 쉬워질 것입니다.

예를 들어 자사 상품에 결함이 있어 상품 가격의 3배를 보상하기로 하고 성심껏 사과를 했다고 합시다. 그런데도 상대는 받아들이지 않고 사과문을 보내라는 둥, 손해 보상을 하라는 둥 점점 과한 것을 요구할 수도 있습니다. 그럴 때는 "죄송합니다만, 말씀하신 요청에는 응해드릴 수 없습니다"라고 말한 뒤 더 조치하지 말아야 합니다.

기브업 해도 타협에 이르지 못한다면 남은 방법은 '방치'

방치는 거의 모든 클레임 대응에 활용할 수 있는 마지막 수단입니다. 예를 들면 고객 서비스 담당자들은 상식에서 한참 벗어난 독특한 감성으로 민원을 제기하는 엉뚱한 고객 때문에 골머리를 앓기도 하는데, 결국 방치함으로써 문제를 해결하는 경우가 많습니다. 과거에 이런 일이 있었습니다.

⊕ 대중식당 사례

오후 1시가 넘었을 무렵, 한 남성이 식당에서 파리를 발견하고 몹시 놀랐다.

"파리가 날아다녀요! 빨리, 어떻게 좀 해봐요. 더러워!"

작은 파리 두 마리가 남성이 앉은 테이블에서 10미터 정도 떨어진 벽에 붙어 있었다. 남성은 날면서도 알을 낳는 것이 파리의 습성이라고 주장했다.

"날면서 알을 낳다니, 그럴 수가 있나요?"

직원이 무심코 묻자 남성은 날카로운 눈빛으로 노려보며 이렇게 소리쳤다.

"내 말 못 믿겠다는 거예요? 날면서 산란하는 곤충도 있어요!"

남성의 주장은 학술적으로는 틀리지 않았습니다. 그렇다 해도 사실 식당 입장에서는 어떻게 대응해야 할지 곤란합니다. "다른 손님들도 계셔서 살충제를 뿌릴 수는 없습니다"라고 설명한 뒤에 음식을 새로 만들어주거나 음식 값을 받지 않는 것이 타당한 대응일 것입니다. 즉 '기브 업' 하여 타협점을 찾지 못한다면 남은 방법은 방치뿐입니다.

사과해서 끝낼 수 없다면 남은 방법은 '방치'

반려동물의 인기가 높아지면서 반려동물 식품에 이물질이 들어가거나 성분 표시가 잘못됐다는 문의와 불평이 급증하고 있습니다. 그중 이런 클레임이 등장해 눈에 띕니다.

"우리 애가 아프면 어떻게 할 거예요?"

한 건설회사로 나이 지긋한 여성이 서슬 퍼런 목소리로 전화를 걸어 왔다.

"나 ◇동 ○번지에 사는 사람인데요. 시끄러워서 우리 애가 잠을 못 자잖아요. 공사를 중지해주세요."

건설사는 인근에서 건물 해체 작업을 하고 있었고, 그 소음에 대한 클레임이었다. 건설사도 주민의 불편을 고려해 토요일, 일요일, 기타 공휴일과 야간의 작업은 자제하고 있었다. 그런데도 강력한 클레임이 발생한 것이다.

"불편을 끼쳐드려 죄송합니다. 전에 우리 회사 직원이 인사차 방문해 말씀을 드렸는데요. 곧 작업이 끝나니까 조금만 더 참아주실 수 없을까요? 손자분이 계신가 봐요. 몸 상태가 많이 안 좋은가요?"

담당자가 이렇게 해명하자 여성은 언짢아하며 이렇게 말했다.

"새끼 고양이 치짱이에요. 우리 치짱이 힘들어한다고요."

이렇게 각자의 '감성'에 근거한 클레임은 분야를 가리지 않습니다. 카탈로그를 보고 구매한 상품이 생각한 것과 다르다거나 서비스 직원의 태도가 마음에 들지 않는다는 등 열거하자면 끝이 없습니다. 이런 경우 클레임 실태를 비롯해 회사 측이 책임져야 할 범위까지 명확하게 파악해야 하는데, 이는 매우 어려운 일입니다. 이렇게 감성으로 촉발된 클레임은 정중하게 사과하는 일 외에 방법이 없습니다. 상대방의 감성을 부정하거나 그것에 대해 논쟁하면 안 됩니다.

상대방에게 지나치게 공감하는 것도 위험합니다. 상대방이 사과를 받아들이지 않으면 클레임 대응의 기본으로 돌아가 기브업 토크로 응해야 합니다. 즉 사과로 끝낼 수 없는 문제가 되었다면 방치 여부를 검토하는 것입니다. 상식에서 벗어난 클레임을 한 가지 더 소개합니다.

(#) 식품 제조사 사례

어느 날 아무런 사전 통보 없이 식품 제조사에 그 회사의 부패한 식품이 착불 택배로 도착했다. 동봉된 편지에는 이렇게 적혀 있었다.

"오랜 기간 귀사의 제품을 애용해온 사람입니다. 그런데 정부의 몰상식한 시장 개방 정책 탓에 농약에 오염된 식품이 시장에 나돌고 있습니다. 우리 소비자는 그런 물건들을 알게 모르게 사들이고 있어요. 유감스럽게도 귀사의 상품에도 그 영향이 미친 것 같습니다. 귀사의 히트 상품인 ○○도 예외는 아닙니다. 지금 보내는 것은 그 잔여물입니다. 무심코 먹었다가 저도 모르게 토해버렸습니다. 부디 창업 당시의 마음으로 돌아가 양질의 상품을 제조, 판매해주세요. 성실한 대응을 부탁드립니다. 선처해주신다면 계속 귀사의 제품을 구매하고 싶습니다."

정중한 인사말로 시작해 예의를 갖춘 편지였지만 목적을 알 수 없었습니다. 어딘가 이상한 분위기가 감돌고 있다고 느꼈습니다. 문자 그대로 받아들이면 업무 개선을 바란다는 내용이지만, 어떤 선처를 바란다는 말인지 구체성이 결여되어 있어 대응이 망설여집니다. 제조사는 구매한 제품을 드시지 못하게 된 것에 대한 사과와 함께 유통기한이 지난 검체로는 조사할 수 없다는 내용, 더불어 제조 공정에서 특이점은 발견되지 않았다는 내용을 적어 서면으로 발송했습니다.

그러나 소비자 측에서 수취를 거부해 편지는 반송되어왔습니다. 그후 제조사는 더 이상의 조치를 할 수 없었고 소비자도 다시 연락해오지 않았습니다. 이런 경우도 방치의 사례입니다.

사실에 집중하고, 상대방의 요구에 안이하게 응하지 않는다

얼핏 상식적으로 보이는 사람이 뜻밖의 이유로 과도한 요구를 하기도 합니다.

⊛ 식품 제조사 사례

식품에 이물질이 들어간 것을 알고 회사 측이 리콜에 나섰다. 그때 대기업 정보관리 부서에서 근무한다는 50대 남성으로부터 클레임 전화가 걸려왔다.

"그쪽 상품이 리콜에 들어간 모양이던데, 어떻게 할 거예요?"

전화를 받은 담당자는 사과와 동시에 사내 규정에 따른 회수 및 환불을 해드리고 있다고 말했다. 그러자 남성은 까칠한 목소리로 말했다.

"그게 다예요? 납득이 안 가네. 환불은 당연한 거고, 확인 서류를 제대로 갖춰서 보내줘야지."

수백 엔의 환불 금액과 200엔이 채 안 되는 우편 요금에 대한 확인서를 받고 싶다는 말이었다. 담당자는 당황했지만 "상사와 협의해보고 말씀드리겠습니다"라며 일단 전화를 끊었다.

알고 보니 이 남성은 부하 직원과 함께 휴일 출근한 날, 자신이 돈을 내고 이 식품을 구매한 모양이었다. 그때 함께 있었던 다른 부하 직원 중 한 사람이 "과장님, 그 과자에 이상한 것이 들어가 있었나 봐요. 리콜한다는데요"라고 귀띔을 해주어 수화기를 들었다고 한다. 즉 상사로서 부하 직원들에게 체면이 깎이는 일을 참을 수 없었다.

남성이 비상식적인 요구를 한 데에는 납작 엎드린 듯한 담당자의 말투도 한몫을 한 듯했다. 담당자는 다시 남성에게 전화를 걸었지만, 남성은 오로지 확인서에 대해서만 언급했다. 남성의 완강한 태도에 결국 담당자의 인내심은 한계에 부딪혔다.

이 환불 건은 굳이 영수증을 주고받을 정도로 규모가 크지 않습니다.

담당자는 결국 꽤 멀리 떨어진 남성의 직장까지 찾아가 "변호사와 협의했습니다만, 이 건으로 확인서를 발급하는 것은 적절하지 못하다고 생각합니다"라고 설명했다. 이 말에 기세가 꺾였는지 남성은 딱히 반론을 펴지 않았습니다.

결과적으로 방문 사과로 고객을 진정시켰으므로 이 사례는 방치가 아니라고 생각할 수도 있습니다. 그러나 중요한 것은 상대방의 요구대로 확인서를 주고받지 않았다는 사실입니다. 상대방의 요구 자체는 방치한 것입니다.

이처럼 회사 측의 과실과는 별개로 클레임이 커지는 경우도 있습니다. 상대방의 개인적인 사정이나 감정을 파고들면 몸도 마음도 피폐해질 뿐입니다. '난잡한 진상'이라고 판명되면 구태여 상대방의 감정에 다가서려 하지 말고 '사실'에 주목함으로써 상대방의 요구에 안이하게 대응하지 않도록 조심해야 합니다.

인터넷 몬스터는 방치가 답이다

"있는 일, 없는 일 모두 떠벌려서 SNS에 퍼뜨리면 어떻게 하지?"

이런 불안을 느끼는 사람도 많을 것입니다. 분명 SNS에 대한 공포와 이로 인한 피해는 헤아릴 수 없이 큽니다. 정보가 신뢰할 만한 것이 아니어도 재미있다는 이유로 리트윗하는 사람이 많기 때문에 악플에 시달릴 위험이 있습니다. 하지만 갑질 고객의 도발에 응하면 결국 그들이 짠 프레임에 휘말리게 됩니다. 메일로 논쟁을 했다가 메일의 내용이 인터넷에 적나라하게 공개된 사례도 있습니다.

#️⃣ 가공식품 제조사 사례

가공식품 제조사에 "원산지를 위조한 것이 아닌지 의심스럽다"라는 내용의 메일이 도착했다. 담당자는 신속하게 조사, 보고하겠다는 답장을 보냈다. 일주일 뒤 내부 조사 결과 위조 사실은 없는 것으로 드러났다. 이에 담당자는 조사 결과를 메일로 보고했다. 그런데 문제를 제기한 사람은 이를 받아들이지 않고 다시 메일을 보내왔다.

"내부 조사로 뭐가 밝혀지겠어요? 외부 기관에 조사를 의뢰하고 상세한 보고서를 보내주세요."

담당자는 다시 다음과 같은 내용을 답장으로 보냈다.

"내부 조사이기는 합니다만, 엄격하게 중립적인 입장을 견지하는 저희 회사 중앙 연구소가 실시한 조사입니다. 외부 기관에 재조사를 의뢰할 필요는 없다는 것이 저희 판단이니, 부디 이해해주시기 바랍니다."

문제 제기자는 답이 없었고, 담당자는 문제가 수습되었다고 생각해 안도했다. 그런데 어느 날 같은 사람으로부터 세 번째 메일이 도착했다. 이번에는 꽤 거친 문장이었다.

"거짓말이면 인터넷에 까발린다!"

까발린다는 말은 공개하겠다는 뜻이었다. 담당자의 머릿속에 '악플러'라는 말이 떠올랐다.

　　이런 상황에는 어떻게 대응해야 할까요? 인터넷에 올린다거나 악플을 달겠다는 으름장도 대면하거나 전화 통화와 마찬가지로 방치로 대응하는 것이 답입니다.

　　조직이 하나가 되어 'NO'라는 메시지를 전달한 뒤에는 방치하는 것이 좋습니다. 인터넷 몬스터를 방치하면 좋지 않은 입소문이 퍼질 수 있다는 위험 요인도 있지만, 보다 긍정적인 면이 더 많습니다. 조직 차원에서 '인터넷 몬스터는 방치한다'는 방침을 명확히 하면 그것만으로도 고객 서비스 담당자의 스트레스가 크게 줄어듭니다. '인터넷에 클레임 정보가 올라가면 어떻게 하지?'라는 불안에서 해방되기 때문이죠.

　　대기업 중에는 인터넷 감시 시스템을 도입한 곳도 있습니다. 그러나 이러한 시스템을 도입하는 데에는 비용과 시간이 적잖이 듭니다. 자본과 인력이 한정된 중소기업에는 큰 부담이 됩니다.

　　인터넷에서 화제가 된다 해도 대개 며칠, 길어도 한 달 안에 잠잠해지는 경우가 대부분이고, 몇 달이나 몇 년간 계속 악플에 시달리는 경우는 드뭅니다. 이렇게 생각하면 일일이 대응하기보다 방치하는 편이 현실적인 선택임을 알 수 있습니다.

침묵에는
침묵으로 응한다

직업적 악질 고객이 놓은 교묘한 덫

회사 측에서는 방치하려 해도 순조롭게 되지 않는 경우도 있습니다. 그럴 때의 대처법을 살펴봅시다.

반사회적 성향을 띤 직업적 악질 고객 못지않게 대중 몬스터도 극악한 수법을 쓸 때가 있습니다. 갑자기 소리를 지르거나 탁자를 치면서 상대방을 당황하게 해 자신의 시나리오대로 상황을 만들어갑니다. 상대방이 침착함을 잃으면 5퍼센트의 정당성도 100퍼센트, 200퍼센트로 만들 수 있다는 사실을 경험했기 때문입니다.

이쯤에서 노회한 갑질 고객의 필살기를 알아봅시다. 그들의 수법을 미리 알면 타격을 최소화할 수 있습니다. 먼저 조심해야 할 것은 "잠깐만!"이라는 말입니다. 이 말은 폭언보다도 경계해야 합니다.

예를 들어 영수증의 수신인이 틀렸거나 안내 순서가 바뀌는 등 사소한 실수를 발견하면 악질 고객은 호통을 치기 전에 작지만 강한 어조로 "잠깐만!"이라고 말합니다. 이 말은 분노의 위력을 배로 증가시킵니다. 타깃으로 정한 상대방이 통상 업무를 처리하고 있을 때는 갑자기 큰 소리를 쳐도 그 위력이 충분히 전해지지 않을 때가 있습니다. 그러나 "잠깐만!"이라고 말해 상대방을 주목하게 한 뒤 호통을 치면 상대방이 느끼는 공포심은 훨씬 커집니다. 그것이 목적입니다. 오른손 주먹으로 필살의 스트레이트를 날리기 직전에 왼손 주먹으로 잽을 날리는 것과 같은 이치입니다.

이때 주의해야 할 것은 "잠깐만"이라는 외침이 특정인을 향해서 하는 말이 아니라는 점입니다. "잠깐만"이라는 말에 주변에 있는 모든 사람들이 멈칫하며 '내게 한 말인가?' 하고 착각하게 됩니다. 그래서 "네?" 하고 되물으면 그 타이밍에 맞추어 호통을 칩니다. 주변에까지 공포심을 확산하는 수법입니다.

당연히 타깃이 된 사람도 "잠깐만"이라는 말에 돌아보거나 고개를 들었을 것입니다. 그리고 '무슨 말을 하려고 저러지?'라고 생각하며 다음 말을 기다리고 있을 때 갑자기 고함소리를 듣게 됩니다. 그러면 누구라도 '이 자리에서 빨리 도망치고 싶다'는 공포심과 '더 일이 커지면 다른 사람에게까지 민폐를 끼치겠다'는 초조함에 쫓깁니다. 이럴 때 업무 지식이나 서비스 노하우를 총동원해 악질 고객을 설득하려 해서는 안 됩니다. 악질 고객은 오히려 담당자의 말꼬리를 잡으며 트집거리를 찾을 것이기 때문입니다.

악질 고객은 무엇에 대해서든 트집을 잡을 수 있습니다. 담당자가 눈을 내리깔고 말하면 "내 눈 보고 말해!"라고 소리치고, 눈을 정면으로 바라보며 이야기하면 "어디서 눈을 똑바로 떠!"라고 호통을 칩니다. 이때 대응하는 방법은 우선 '덫을 놓을 생각이군' 하고 마음의 준비를 하는 것입니다. 그리고 동료들과 함께 그 상황에 냉정하게 대응하면 됩니다.

5초 침묵은 10초 침묵으로 되돌려준다

노회한 악질 고객은 고함뿐 아니라 침묵도 능수능란하게 이용합니다. 담당자에게 "이거 어떻게 책임질 거야!"라고 거칠게 위협했을 때 담당자가 "답답하시겠지만 저 혼자 판단할 수 있는 문제가 아닙니다"라고 기브업 토크로 반격해도 "그러니까 어쩔 거냐고!"라며 기세를 늦추지 않습니다.

문제는 여기부터입니다. 악질 고객은 그렇게 말한 뒤 입을 닫습니다. 갑작스러운 침묵으로 상대방을 불안하게 하려는 의도입니다. 이런 침묵은 전화 통화에서 더 섬뜩한 효과를 발휘합니다. 약 5초간 침묵을 지킨 뒤 다시 날카로운 목소리로 이렇게 몰아세웁니다.

"그래서 결론이 뭔데! 똑바로 안 할 거야!"

이를 악물고 버티던 담당자도 이쯤 되면 두 손 들게 됩니다.

⊕ 의료 기구 제조사 사례

전직 대기업 고객 서비스 부서 부장이었던 매우 강력한 60대 남성 고객이 있었다. 그의 타깃은 의료 기구 제조사. 어느 날 이 회사의 고객 상담실에 수신자부담으로 전화가 걸려왔다.

"거기서 만든 의료 기구가 쓰기에 아주 불편해. 어떻게 보상할 거야?"

담당자는 사과와 함께 상품 정보를 확인한 뒤 현물 회수를 위해 방문 또는 반송을 부탁했다. 그러자 남성은 "반송이라니? 그런 건 내 선택지에 없어. 이쪽으로 와서 사과하는 게 맞지"라고 일갈하며 이렇게 덧붙였다.

"고객이 불만을 느꼈다면 그 내용이 무엇이든 성실하게 대응하는 게 기업의 도리지. 담당자한테 5분 안에 내게 전화하라고 해."

남성은 그렇게 말하고는 일방적으로 전화를 끊었다.

30분 뒤 담당자가 남성에게 전화를 걸었다. 전화가 늦어진 점을 사과하자 남성은 담당자의 서비스 태도가 잘못됐다며 직원 교육에 대해 설교하기 시작했다.

"애초에 그렇게 대응하면 안 되지. 뭣보다 내 건강 상태를 염려하는 태도가 전혀 없잖아. 대체 직원 교육을 어떻게 하는 거야?"

남성은 계속 분노를 쏟아냈다.

"의료 기구는 생명과 관련된 중요한 건데 말이야. 담당 임원이랑 같이 이쪽으로 와."

담당자는 즉답하지 않았다.

"죄송하지만 임원분과 함께 당장 방문 드리기는 어렵습니다."

남성이 물었다.

"그럼 어쩔 작정이야?"

담당자는 더 이상 할 말을 찾지 못해 당황했지만 남성은 한마디도 하지 않았다. 담당자는 점점 더 큰 긴장감에 휩싸였다. 그 순간, 남성이 소리쳤다.

"일 똑바로 안 해?"

악질 고객의 침묵에는 어떻게 대처하면 좋을까요? 나도 침묵으로 대응하면 됩니다. 상대방이 갑자기 입을 다물면 나도 입을 다무는 것입니다. 그리고 상대방이 입을 열기를 기다립니다.

상대방이 5초간 침묵하면, 나는 10초간 침묵합니다. 처음에는 어려울 수 있지만 서서히 익숙해질 것입니다. 그리고 "이봐, 듣고 있어?"라고 물으면 "네, 듣고 있습니다"라고 즉각 대답합니다. 그러면 오히려 상대방이 조급해져서 두서없이 이야기를 쏟아내 형세가 역전될 수도 있습니다.

상대방의 언행을
녹음이나 녹화하여 대응하라

가족이 합세한 터무니없는 클레임

인터넷에 올리겠다는 으름장은 '그러시면 화법'으로 대응하는 것이 기본입니다. 그러나 스마트폰이 보급되면서 너무나 쉽게 음성을 녹음하고 사진이나 동영상을 찍을 수 있는 환경이 되었습니다. 이것은 고객 서비스 담당자에게 큰 심리적 위협이 되어 '방치'를 망설이게 합니다.

#️ 식품 관련 무역회사 사례

외국 식품을 수입하는 회사에 이물질이 들어 있다는 클레임이 접수됐다. 한 여성이 말린 과일을 구매했는데 거기서 플라스틱 조각이 나왔다며 클레임을 건 것이다. 여성의 집을 방문한 고객 서비스 담당자를 맞이한 사람은 여성의 큰아들이었다.

"사진을 찍었으니 그렇게 아세요. 철저하게 조사해서 제대로 보고하세요."

큰아들은 그렇게 말하며 스마트폰에 담긴 사진을 담당자에게 보여주었다. 얼굴이 굳은 담당자는 사과를 한 후 검사를 위해 제품을 가지고 돌아갔다. 분석 기관에 의뢰해 검사해보니 말린 과일에 들어 있던 이물질은 치아에 덧씌우는 레진으로, 섭취자의 치아에서 떨어져 나온 것으로 판명되었다.

담당자는 자사 책임이 아니라는 내용의 보고서를 들고 여성의 집을 재방문했다. 그런데 보고서를 본 여성의 입에서 나온 말은 "내 것이 아니에요"였다. 큰아들도 '식품 제조 공정에 투입된 직원들의 치아를 모두 조사해달라'는 요구를 반복할 뿐이었다. 담당자는 당황했지만 요청을 거절하지 못했다. 안 좋은 입소문이 퍼질까 두려웠기 때문이다.

결국 회사는 제조 공정에 투입된 직원을 모두 치과에 보내 검사하도록 한 끝에 식품에 들어간 레진이 직원의 것이 아님을 입증했다. 이번에는 큰아들도 납득하지 않을 도리가 없었다. 이 과정에서 3개월 남짓의 시간과 진료비를 포함해 수십만 엔이 들었다.

대기업이 대상이 된 인터넷 피해 건수는 감소하는 추세입니다. 기업
차원에서 인터넷 몬스터에 대한 대책을 마련하고 있기 때문입니다. 과
거에는 갑질 고객과 대화하는 도중에 직원이 무의식적으로 부주의한
발언을 하면 그것이 인터넷에서 화제가 되어 부정적인 여론이 생기는
일이 잦았지만, 지금은 그런 경우가 줄었습니다.

그러나 다른 한편으로 보는 사람에게 혐오감을 주는 사진이나 동영
상이 문제가 되는 경우가 많아지고 있습니다. 음식물에 들어간 곤충이
그런 예입니다. 사실과는 별개로 기업 이미지에 큰 타격을 입을 위험성
은 과거보다 더욱 커졌습니다.

통화 녹음의 장점

그러나 관점을 바꿔보면 기업이나 단체가 스마트폰을 아군으로 삼을
수도 있습니다. 클레임 대응의 기본은 기록입니다. 고객이 부당한 요구
를 할 때는 물론이고 정당한 요구를 할 때도 클레임 내용을 되도록 상
세하게 기록해두는 것이 중요합니다. 전화로 클레임이 들어왔을 때는
녹음 기능이 있는 전화로 대응하고 상황을 시간대별로 정리해두면 좋
습니다. 클레임 내용을 기록하면 누가 어떤 말을 했는지 안 했는지로

논점이 흐려지는 일을 막을 수 있을 뿐 아니라, 고객이 어떤 사람인지를 판단할 때도 도움이 됩니다. 예를 들어 대화 중에 전문용어를 자주 쓴다면 고객이 그 업계에 종사하거나 종사한 적이 있는 사람이라고 추정할 수 있습니다. 녹음된 자료를 다시 들어보면 쉽게 확인할 수 있습니다.

또 녹음이라는 행위 자체에 협박과 폭언을 억제하는 효과가 있습니다. 동시에 담당자도 말에 신중해지므로 갑질 고객에게 말꼬리를 잡힐 위험이 줄어듭니다. 더불어 갑질 고객과 나눈 대화를 기록하면 경찰과 상담하거나 신고할 때도 도움이 됩니다. 경우에 따라서는 녹음한 자료를 경찰에 제출할 수도 있습니다.

고객과의 대화를 녹음하는 것이 개인정보보호법에 저촉되지 않을지 걱정하는 사람도 있습니다만, 그 문제는 걱정하지 않아도 됩니다. 녹음하기 전에 "중요한 안건이므로 녹음하겠습니다"라고 말해두면 됩니다. 자신의 이름도 밝히지 않는 악질 고객이라면 녹음에 대한 사전 통지도 필요 없습니다. 당당하게 녹음하면 됩니다.

데이터는 공유해야 가치가 있다

접수된 클레임은 보고서나 응답서 등 다양한 형태로 문서화됩니다. 그 문서는 '보고서를 작성해서 보내라'는 고객의 요구에 따라 작성되기도 합니다. 문서화하는 일을 두고 일방적인 준비가 아닌가 걱정하는 사람도 있지만, 오히려 담당자 측의 의사를 명확하게 한다는 의미에서 의사 표시 또는 의사 통일의 도구로 볼 수도 있습니다. 유비무환입니다.

사과문이나 경위서와는 다릅니다. 클레임에 관한 기록은 조직 내에 공유해야 가치가 생깁니다. 사진과 동영상도 마찬가지입니다. 매장 내에는 CCTV가 설치되어 있고 택시와 렌터카에도 블랙박스를 탑재하도록 했습니다. 이러한 장비가 설치된 것만으로도 폭력뿐 아니라 고객의 갑질을 억제하는 효과가 있습니다. 요즘은 과도한 요구를 하는 갑질 고객을 스마트폰으로 촬영하는 소위 '구경꾼'도 있습니다. 갑질을 하던 고객이 그들을 보고 자리를 떠나기도 합니다.

2014년 9월 일본에서는 '편의점 무릎 사건'이 있었습니다. 오사카부 이바라키시의 편의점에서 점장을 비롯한 직원이 네 명의 손님에게 트집잡혀 담배 여섯 보루를 빼앗기고 무릎을 꿇은 사건입니다. 이들이 무릎 꿇은 장면이 동영상 사이트에 업로드되면서 인터넷상에서 큰 화제가 됐고, 결국 경찰이 나서서 이들을 검거했습니다. 그런데 이때 편의점 안에 CCTV가 설치되어 있었음에도 매장 측은 경찰에 통보하지 않았습니다. 이렇게 소극적인 자세를 취하면 갑질 고객의 표적이 됩니다.

최강 클레임 대응법은
적극적 방치

적극적 방치로 갑질 고객의 포위망을 뚫자

대중 몬스터 중 가장 경계해야 하는 유형은 선량한 시민을 가장한 준전문가급 갑질 고객입니다. 한 끗 차이로 범죄의 경계를 넘나드는 이들은 악랄한 수법으로 금품을 갈취하려 합니다. 특히 최근 눈에 띄는 것이 비영리단체(NPO) 뒤에 숨은 대중 몬스터입니다. 겉보기에는 지역에서 봉사활동을 하는 모범 시민이지만 한 꺼풀 벗겨보면 금세 본색이 드러납니다.

⑈ 제면 공장 사례

"건면에 벌레가 들어 있어요."

제면 공장에 클레임이 접수됐다. 클레임 대응에 익숙지 않았던 직원들은 서둘러 본사에 연락했다. 고객 상담실 담당자가 곧바로 전화를 걸었을 때 소비자는 지금 그쪽으로 가고 있으니 한 시간 뒤에 보자고 했다. 약간 쉰 목소리에서 고집스러움이 느껴졌다.

본사 근처 카페에서 고객 상담실 담당자와 마주 앉은 남성은 백발의 70대 노인으로, NPO 법인 이사라고 적힌 명함을 내밀며 자신을 소개했다. 그런데 그의 입에서 나온 말은 귀를 의심케 하는 것들이었다. 그는 30분간 정계 인맥을 자랑스레 읊은 뒤 이렇게 운을 뗐다.

"이 건면, 내가 자주 가는 A 프랜차이즈 ○○지점에서 샀어요. 거기 점장은 지금 잔뜩 화가 나서 A 프랜차이즈 본부에 연락한다고 난리예요. 그렇게 되면 전국 가맹점에서 건면 회수 요청이 빗발치겠죠. 나는 일을 시끄럽게 만들고 싶지 않아요. 그곳 점장은 내가 잘 달랠 테니까 보상을 해줘요."

담당자는 노인의 제안을 그 자리에서 거절했다. 그날의 대화는 검체를 회수하는 것으로 끝났다. 그러나 며칠 뒤 이번에는 담당자 직통으로 전화가 걸려왔다.

"리콜하게 되면 손실이 얼마나 날 거라고 생각해? 당신네, 얼마까지 지급할 수 있겠어?"

노인은 점점 구체적인 이야기를 꺼냈다. 벌레가 들어간 경로는 안중에도 없었다. 이에 담당자도 머리를 짜내어 A 프랜차이즈 본부와 보건소, 지점 등에 연락해 지금까지의 경위를 알렸다.

이후 조사 결과에서도 제조 과정에서 벌레가 들어갔다는 사실은 확인되지 않았다. 담당자는 노인에게 이 내용을 알렸고, 노인은 마지못해 받아들이는 듯했다. 그 뒤 한 달간 노인에게서는 아무런 연락이 없었다. 담당자는 사태가 수습됐다고 생각했다. 고객 상담실 직원 모두가 안도한 순간, 노인은 A 프랜차이즈 본부에 직접 클레임을 제기했다. A 프랜차이즈 본부에서도 이미 상황을 알고 있었지만 노인의 섬뜩함에는 전율하지 않을 수 없었다. 노인은 'B 사는 이렇게 저렇게 대응해줬다'며 협박하는 듯한 말도 내뱉었다.

그 후, 고객 상담실 담당자는 A 프랜차이즈 담당자와 함께 노인을 경찰에 신고하고 ○○지점 점장과 대화하는 등 만일의 사태에 대비했다. 그러자 노인 측에서도 제면 공장의 은폐 공작을 언론에 흘리겠다거나 자신의 건강 상태를 거론하며 죄책감을 유발하는 등 온갖 수단을 동원해 공격해왔다.

이 노인이 NPO 법인 관계자라는 것은 사실이었습니다. 거기서 어떤 일을 했는지는 모르지만 반사회적 생각을 가진 사람일 가능성도 있습니다. 선량했던 시민이 이 노인과 같은 의도를 품게 되는 사례가 더러 있습니다. 예를 들면 과거에 초등학교 교감을 역임하고 자치회장도 맡았던 한 노인이 은퇴 후 NPO 법인을 설립해 재해 지원 활동을 이어가다가 공갈 행위를 일삼아 명예를 더럽힌 일도 있습니다.

방금 살펴본 사례에서는 제조사와 판매 회사(본부)와 소매점이 하나가 되었고 경찰과 보건소까지 합세한 덕분에 갑질 고객이 깔아놓은 포위망을 뚫고 수습할 수 있었습니다. 몹시 강력한 상대였지만 다행히 형사사건으로 발전하지 않고, 사건 발생 약 2개월 만에 '좋은 답변을 기다린다'는 연락을 끝으로 상황이 종료되었습니다.

초기에 대면한 일을 제외하면 노인과의 주된 소통 수단은 전화였습니다. 하지만 막바지에는 경찰의 조언에 따라 회사 측에서 먼저 연락하지 않았습니다. 불합리한 요구를 거절한 뒤 더 조치하지 않고 관망하는 것이 소극적 방치라면, 관련 기관과 제휴해 상대방의 동향을 감시하는 것은 적극적 방치라고 할 수 있습니다. 이 사건은 적극적 방치의 좋은 예입니다. 이것이야말로 궁극의 클레임 대응입니다.

성공적인 적극적 방치의 세 가지 핵심

적극적 방치를 성공적으로 실행하기 위한 핵심을 정리해봅시다. 가장 중요한 것은 사전 준비입니다. 구체적으로는 다음과 같은 세 가지 관점에서 생각합니다.

1. 사내 담당 창구를 일원화한다

클레임 경험이 풍부한 악질 고객은 여기저기에 연락을 취해 기업 측을 혼란에 빠지게 합니다. 수신자부담으로 전화를 걸거나 고객 상담실의 직통 번호로 담당자와 연락하려 하기도 합니다. 심지어 영업부나 제조 부서와 연락하는 경우도 있습니다. 이럴 때는 사내 클레임 담당 창구를 일원화하고 필요에 따라 타 부서에 협조를 구해야 합니다.

2. 거래처에 연락하여 의사 통일을 꾀한다

제조사와 유통사 등 파트너십을 맺고 있는 기업과 강력한 팀워크를 유지하면 좋습니다. 그러기 위해서는 정보를 공유하는 게 중요합니다. 이따금 본사와 거래처 간 갑을 관계가 심각한 경우 약자 입장에 놓인 기업이 소극적으로 대처하는 일도 있습니다. 예를 들면 유통사와 계속 거래하고 싶은 제조사가 번거로운 상황을 피하기 위해 갑질 고객의 요구를 들어주기도 합니다. 그런가 하면 강자 입장에 있는 기업이 고압적인 태도로 일관하면 약자 입장의 기업은 운신의 폭이 줄어 결과적으로 클레임 대응이 난관에 부딪힐 수 있습니다.

3. 외부 기관과 의논하여 협조를 구한다

사태가 심각해지기 전에 경찰과 변호사, 보건소와 소비자원 등 관련 기관에 상황을 알리고 협조를 구하면 좋습니다. 기업은 감독 기관에 대해 뒷짐 지는 태도를 보이는 경우가 많은데, 그렇게 하면 자칫 아군을 적으로 돌릴 수 있습니다.

그 밖에 주의할 점으로는 담당자가 악질 고객과 사적인 관계를 맺지 않아야 한다는 것입니다. 이 일은 당신과 나 사이의 마음의 문제라느니, 당신의 실력을 제대로 발휘해보라느니, 관계를 원만하게 유지하고 싶다는 등의 말은 악질 고객이 자주 쓰는 말입니다. 조직보다 개인을 공략하기가 쉽기 때문입니다. "잘해봅시다. 내 체면 좀 세워줘요" 하고 다가오는 경우도 많은데 이러한 관계는 단호히 거절해야 합니다. 담당자의 개인 휴대전화는 물론이고 경우에 따라서는 직통 전화로도 통화를 삼가는 편이 좋습니다.

경찰, 변호사와는 사전 상담이 기본이다

경찰, 변호사와의 협력은 앞으로의 사태에 대비하는 데 매우 중요합니다. 적극적 방치까지 가지 않은 안건이라도 만일의 경우에 협조를 요청하는 일이 있을 수 있습니다.

경찰에 협조를 구한다고 하면 가장 먼저 신고 전화를 떠올릴 것입니다. 하지만 그 번호는 폭력 사건이나 교통사고를 목격하거나 소매치기 피해를 보는 등 사건, 사고의 현장에 있을 때 긴급 신고하는 번호입니

다. 클레임으로 상담하고 싶을 때를 대비해 경찰 상담 전화번호를 알아

두는 것이 편리합니다.

만일의 경우에 당황하지 않도록 그 번호를 회사에 게시하거나 휴대

전화에 등록해두는 것이 좋습니다. 경찰에 협조를 구할 때 중요한 점은

사전에 상담해야 한다는 것입니다. 경찰이 제시하는 조언도 도움이 되

지만 경찰과 상담하고 있다는 사실을 갑질 고객에게 알리는 것만으로

도 '더 괴롭히면 사건으로 접수하겠다'는 메시지를 주어 압박할 수 있

기 때문입니다(우리나라에서는 사건으로 접수되지 않는 한 갑질 문제를 경찰에서

다루지 않는다. 국내에서 갑질 피해에 대한 상담을 받고 싶다면 대한법률구조공단

상담 전화인 132가 편리하다. 또 국민권익위원회가 운영하는 모바일앱 국민콜 110

을 통해서 공공 및 민간 분야의 갑질 피해를 상담할 수 있다 – 옮긴이).

변호사에게 협조를 구할 때도 경찰과 마찬가지로 사전 상담을 중심

으로 진행합니다. 법적인 수단도 고려하고 있다는 사실을 전달해 부담

을 주는 것입니다.

바꿔 말하면 이러한 압박 수단이 있을 때 방치가 가능해집니다. 이를

테면 이런 말로 최후통첩을 하는 것입니다.

"이번 건에 대해서는 고문 변호사와 협의 중이고 경찰과도 의논을

마쳤습니다. 더 이상의 대화로는 적절한 대응이 어려울 것 같습니다.

저희도 상황이 이렇게 되어 유감스럽습니다."

덧붙여 변호사의 조언을 구하려면 변호사와 고문 계약을 맺거나 개

별 상담을 하는 것이 일반적입니다만, 각 지자체에서 운영하는 무료 법률상담센터나 관련 복지 기관을 이용할 수도 있습니다(우리나라의 경우 대한법률구조공단을 예로 들 수 있다 – 옮긴이).

문서로 회답해 완전히 물리치자

대화가 지지부진하거나 갑질 고객이 "이걸로 끝내려고?"라는 태도로 나온다면 통지서, 통고서, 회신서 등의 문서로 의사를 전달하는 것이 효과적입니다. 내용은 안건에 따라 달라지겠지만, 그 목적이 의사표시인 만큼 정중하면서도 단호하게 말하는 것이 중요합니다. 예를 들면 다음과 같습니다.

"고객님께 큰 불편을 끼쳐 대단히 죄송합니다. 진심으로 사과드립니다. 그러나 이 이상 사회 통념에 반하는 요구를 계속하신다면, 유감스럽지만 지금까지의 기록을 바탕으로 법적 절차를 밟겠습니다. 앞으로 모든 제안은 문서로 부탁드립니다."

이 문서를 내용증명으로 보내면 더욱 확실해집니다. 통지서를 보낼 때도 내용증명을 이용하면 심리적 효과가 커집니다. 메일로 통지하는 경우에도 표현은 약간 달라질 수 있지만 기본적인 틀은 같습니다. 다음과 같은 문장을 추가하면 더 좋습니다.

"향후 공식 답변 문서를 보내드리고자 하오니 고객님의 주소를 알려주시기 바랍니다. 개인정보 취급에 각별히 유념하며 엄중히 관리하겠습니다."

　인터넷 몬스터의 상당수는 무대 위로 끌려 나오기를 꺼리며 자신의 정체를 숨깁니다. 실제로 주소와 성명을 밝힐 수도 있지만 심리적으로 꽤 부담을 느낄 것입니다. 이러한 문서는 신중하게 주의를 기울여 작성해야 하는 만큼 문서를 작성하면서 다시 한 번 스스로 각오를 다질 수 있습니다. 이 역시 사전 준비 작업으로 연결됩니다.

　상대방과 문서를 주고받을 때 기억해야 하는 점이 하나 더 있습니다. 악질 고객에게 말꼬리를 잡히지 않도록 표현에 세심하게 주의를 기울여야 한다는 점입니다. 시담(민사상의 분쟁을 재판이 아닌 당사자 간에 해결하는 일을 말한다 - 옮긴이)으로 해결하는 경우에는 시담서를 주고받는데, 그럴 때도 영수증을 겸한 시담서를 작성해야 합니다. 또한 시담서 안에 반드시 "화해금으로"라는 표현을 명기해야 합니다. "위문금"이라고 모호하게 표현하면 상대방이 결론을 미루며 2차, 3차 요구할 수 있기 때문입니다.

에필로그

최첨단 기업 사례와
클레임을
방지하는 습관

정보를 공유하고
실버 인재를 활용하라

클레임 고객을 단골로 바꾼 가루비의 고객 상담실

많은 기업이 몬스터 고객의 대응에 고심하는 가운데 선진적인 대응을 시작한 기업도 있습니다. 그 대표적인 예가 대규모 제과업체인 가루비입니다. 가루비에는 갑질 고객의 전화 내용을 누구나 들을 수 있는 시스템이 갖춰져 있습니다. 고객 상담실 직원뿐 아니라 영업부와 공장에도 갑질 고객의 육성이 울려 퍼집니다.

또 일본 전역에 일곱 군데의 지역 고객 상담실을 설치했습니다. 과거에는 본사에 설치된 전용 창구에 고객의 클레임이 들어오면 해당 지역 영업 담당자가 대응했지만 지금은 주요 지점(홋카이도, 동일본, 도쿄, 주부, 긴키, 주고쿠, 시코쿠, 규슈)에 전임 상담원을 두었습니다. 클레임을 포함해 고객이 가루비에 문의한 모든 내용을 본사 고객 상담실이 일괄적으로 받은 뒤 각 지역 고객 상담실로 인계합니다.

이 시스템을 갖춘 후 본사에서 지역 고객 상담실로 내용을 인계하는 데 걸리는 시간을 15분 이내로 한다는 '15분 규칙'과 지역 고객 상담실 직원이 고객을 방문하기까지의 시간을 2시간 이내로 한다는 '2시간 규칙', 고객으로부터 회수한 상품의 품질을 체크해 고객에게 보고서를 제출하기까지의 시간을 2주 이내로 한다는 '2주 규칙'이 생겼습니다. 그 결과 상품에 불편을 느낀 고객의 재구매율('지금까지 구매하던 대로 계속 구매한다', '지금까지 구매한 것보다 더 많이 구매한다'고 하는 사람의 비율)이 과거 82퍼센트에서 95퍼센트로 높아졌다고 합니다.

톱다운 방식으로 현장을 개선해 실적으로 연결한 가루비에 경의를 표합니다. 그중에서도 제가 가장 주목한 것은 지역 고객 상담실을 설치해서 현장 경험이 풍부한 영업 직원을 상담원으로 채용한 점입니다. 상담원의 인원은 2~4명 정도이고 그중에는 촉탁사원도 포함되어 있다고 합니다(2017년 12월말 기준). 클레임에 신속하고 유연하게 대처할 수 있는 팀을 편성한 점은 높이 평가해야 합니다.

정년퇴직자를 재고용해 클레임을 줄이자

클레임에 대응할 때는 동료 및 상사와 수평적, 수직적으로 연결되는 것이 중요합니다. 또 전임 고참 직원이나 고령자 직원과의 연결이 유효한 경우도 있습니다.

(#) 제조사 사례

"실장님도 열심히 하시고 저도 계속 도와드리겠지만, 큰일이 생겼을 때 지금 같은 상황에서 잘 대응할 수 있을지 걱정이에요."

고문처인 제조사에서 클레임 안건을 해결한 뒤 영업부 책임자와 고객 상담실 실장과 함께 술잔을 기울이며 나는 진심을 담아 이렇게 이야기했다. 이 회사는 히트상품 덕분에 실적은 좋았지만 상품의 하자를 따지는 고객들에게 시달리고 있었다. 고객 상담실에는 문의와 불만 전화가 끊임없이 걸려왔다.

"문제가 생기면 지원해드리겠지만 제가 바로 참여할 수 없는 경우도 있습니다. 그러니 미리 사내 시스템을 갖추시는 게 좋습니다."

내 건의에 영업부 책임자도 고개를 끄덕였다.

"그렇군요. 지금 같은 상황에서는 고객 상담실 실장도 힘들겠네요."

이 회사는 전국 규모로 영업을 펼치고 있었지만 고객 상담실은 실장 이하 직원 몇 명이 전부였다. 모두 눈코 뜰 새 없이 바쁘게 일했고, 실장은 특유의 성실함으로 클레임 대응 책임을 오롯이 감당하고 있었다.

영업소의 부담도 컸다. 클레임이 발생할 때마다 영업소장을 비롯한 직원들이 고객을 방문해 사과하거나 상품을 회수해야 했다. 클레임 대응 태도에 따라 영업소의 성적도 크게 좌우됐다. 이에 고객 상담실 전임 직원을 늘리는 안이 검토된 것이다. 실장이 일일이 대응할 수 없는 내용을 처리하거나 고객 상담실과 영업 현장 간 소통 창구 역할도 했다.

"어떤 사람이 좋을까요? 젊고 의욕적인 사람이 좋겠죠?"

영업 책임자가 후보자의 이미지를 물어 나는 이렇게 답했다.

"아뇨, 실장님보다 나이가 많고 영업 경험이 풍부한 사람이 좋습니다. 그 편이 더 설득력이 있고 목소리와 외모에서도 관록이 묻어납니다. 직함은 상관없어요. 다만 행동력이 좋아서 현장에 직접 갈 수 있는 사람이어야 합니다. 지금 필요한 것은 부서 간 조정자가 아닙니다. 이 시점에 꼭 필요한 인재를 찾지 못하면 집 안에서 도둑을 찾는 격으로 불필요한 중간 관리자만 늘 겁니다. 직원들의 동기가 높아지기는커녕 역효과가 날 거예요."

이런 대화 끝에 결론에 이른 것이 정년퇴직한 영업부 직원이었다. 그들은 현역 시절에 현장을 뛰어다니며 갑질 고객과 수없이 조우했을 것이다. 조건이 맞는 사람에게 즉시 연락해 촉탁으로 재고용하고 싶다는 의사를 전하니 기꺼이 받아들여주었다. 그렇게 몇 개월 뒤, 작년까지만 해도 내게 수십 건을 의뢰하던 이 회사는 해가 바뀌자 연락이 끊겼다.

전임 고참 직원이 참여하면서 고객 상담실 분위기가 상당히 바뀐 모양입니다. 클레임 대응의 달인까지는 아니어도 전면에 나서서 지원해주는 선배가 가까이에 있다는 사실만으로도 실장을 비롯한 직원 모두에게 마음의 여유가 생겼습니다. 이것이 다시 침착한 대응으로 이어졌을 것입니다. 클레임 대응에 능한 인재를 육성하는 데에도 한몫을 했을 것이고요. 이처럼 선배와의 연결은 고령화 사회가 진행됨에 따라 앞으로 다른 조직에도 중요한 포인트가 될 것입니다.

다음 사례처럼 갑질 고객과 담당자의 세대 차이를 메우는 효과도 있습니다.

⑪ 건강식품 제조업체 사례

60대 중반에 은퇴한 남성이 75세에 다시 건강식품업체 콜센터에 재취업을 했다. 성추행 발언을 일삼는 실버 몬스터와 악질 고객 탓에 속을 끓이던 젊은 여성 직원들은 마음이 든든했다. 그에게 전화를 넘겨주면 집요한 클레임도 대부분 해결됐다. 상품 관련 클레임 외에 외로움을 호소하는 실버 몬스터에게도 같은 세대로서 공감을 표시하며 친절하게 귀 기울여 클레임을 무사히 수습해 고맙다는 인사까지 받았다. 이 직장은 든든한 고령자 직원이 가까이 있어 활기를 되찾았다. 놀랍게도 은퇴 후 오랫동안 몸이 아팠던 그 남성 직원도 건강을 회복했다.

일손 부족이 심각한 한편 실버 몬스터가 급증하고 있습니다. 그러나 이 사례와 같이 고령자라는 이점을 살려 대응할 수 있는 클레임도 있습니다. 실버 인재를 클레임 전문가로 육성하는 일이 효과적인 대책이 될 수 있습니다.

든든한 조력자를 찾는 법

일본에서는 기업이 리콜할 때 고객을 직접 방문해 제품을 회수합니다. 그러나 최근 광고지를 통해 리콜 사실을 공지하거나 전화 접수, 대체품 발송, 제품 회수까지 일련의 작업을 대행하는 서비스가 등장해 주목받고 있습니다. 기업 외부에 클레임 관련 연결고리를 둔다는 관점에서 택배업자가 제품 회수를 대행하는 서비스도 의미가 있습니다.

이러한 서비스의 장점은 여러 가지입니다. 우선, 당사자가 직접 회수하지 않기 때문에 고객과 대면했을 때 발생하는 마찰을 피할 수 있습니다. 택배업자라는 제삼자가 쿠션 역할을 해주므로 갈등을 피할 수 있습니다. 물론 택배업자를 보내기 전까지는 정성을 다해 고객을 상대해야 하지만, 어쨌든 고객 서비스 담당자의 부담은 분명 줄어듭니다.

또 기업 외부에서 지원한다는 점에서 저 같은 클레임 대응 컨설턴트도 중요한 역할을 맡고 있습니다.

마지막으로, 전직 경찰의 역할에 대해 말씀드리고자 합니다. 기업은 위기관리와 클레임 대응을 위해 전직 경찰을 고문으로 두거나 상담을 맡깁니다. 병원에서도 폭력 사건이 자주 일어나 병원 안에 경찰을 상주하도록 하는 경우도 있습니다. 이와 같은 다양한 이유로 많은 기업이 전직 경찰을 업무에 투입하는 방안을 검토하고 있으나 중요한 점은 '어떤 인재가 필요한가'를 제대로 분석해 채용하는 것입니다.

60대에 정년퇴직을 한 전직 경찰이 민간 기업에 재취직했다면, 그가 경찰과 가깝기 때문에 조폭과 관련한 갈등이나 폭행, 공갈 사건이 일어났을 때 기업은 마음이 든든할 것입니다. 그러나 사건이 아닌 분쟁 단계에서도 그에게 선뜻 일을 맡길 수 있을까요? 그때는 인품과 가치관으로 판단해야 합니다. 경찰 경력에 의존해 무엇이든 해결하려는 사람이라면 오히려 일을 그르칠 수도 있습니다.

저는 클레임 건을 맡았다고 해서 현직 경찰이나 관할 경찰서의 아는 사람에게 도움을 청하지 않습니다. 대신 그동안의 제 경험을 살려 현장의 소리에 귀를 기울이고 고객 서비스 담당자가 함정에 빠지지 않도록 조언합니다. 무엇보다 금품 제공이나 특혜 등 안이한 방법은 근본적인 해결책이 아니라는 사실을 담당자 자신이 가장 잘 압니다. 그분들은 일시적으로 당황했을 때, 또는 95퍼센트 자신감이 있지만 5퍼센트의 불안감이 남아 있을 때 저를 찾습니다. 외부에 지원을 의뢰할 때는 상황에 따라 어떤 사람이 필요한지 생각한 뒤에 의뢰해야 합니다.

인사성으로 클레임을
미연에 방지하라

인사 한 번으로 피할 수 있는 클레임이 있다

인사가 고객 만족으로 이어진다는 사실은 널리 알려져 있습니다만, 위기관리 관점에서도 중요하다는 사실은 그다지 알려지지 않은 것 같습니다.

말을 거는 일이 치안에 도움이 된다는 사실은 경찰이나 경비원, 경호원 사이에서 상식으로 통합니다. 절도범이나 강도는 누군가가 말을 걸어오면 '어휴, 들켰나 보다' 하고 겁을 먹고 그 자리를 떠납니다. 마찬가지로 "어서 오세요", "안녕하세요" 같은 한마디가 화가 난 몬스터의 폭주를 막습니다. 범죄자는 들키는 것을 싫어하지만, 갑질 고객은 자신을 봐주지 않는 점에 화를 내는 것일 수도 있습니다.

저도 손님으로서 비슷한 경험을 한 적이 있습니다. 동네 휴대전화 매장에 갔을 때의 일입니다. 평일 오전 11시, 매장 안에 있던 직원 세 명이 모두 계산대에 앉아 컴퓨터 화면을 보며 데이터를 입력하거나 뭔가 다른 일을 하고 있었습니다. 저 외에 다른 손님은 없었지만 아무도 제 존재를 눈치채지 못했습니다. 결국 제가 말을 걸었습니다.

"영업하십니까?"

그러자 젊은 여성 직원이 저를 흘깃 보고는 "네"라고 대답했습니다. 저는 무슨 말투가 저런가 싶어 화가 났지만, 딸뻘 되는 어린 여성 직원에게 화를 내는 것도 어른스럽지 못한 것 같아 "됐어요" 하고는 매장을 나왔습니다. 인사를 하지 않는 직원들의 태도 때문에 매장은 손님 한 명을 잃었을 뿐 아니라 고객을 진상으로 만들 뻔했습니다.

고객의 분노를 진정시키는 한마디

인사를 하거나 한두 마디 말을 건네는 일은 상품 매장에서만 중요한 것이 아닙니다. 예를 들면 병원 대합실에서 오랫동안 기다린 환자는 불편할 수밖에 없습니다. 대기실에 신문과 잡지가 구비되어 있기는 하지만 펄럭펄럭 몇 장을 넘기다 이내 제자리에 두고 맙니다. 차분히 기사를 읽을 여유가 없기 때문입니다. 여러분도 그런 경험이 있지 않나요?

이때 간호사나 접수처 직원이 "오래 기다리시게 해서 죄송합니다. 차례대로 안내해드릴 테니까 조금만 더 기다려주세요"라고 한마디만 해도 환자의 짜증은 조금이나마 풀립니다. "앞에 세 분 계시니까 금방 불러드릴게요"처럼 남은 대기 시간이 어느 정도인지 알려준다면 더할 나위 없이 좋습니다. "환자가 워낙 많아서 대기실에 계신 분한테 일일이 알려드릴 수가 없어요"라고 변명하는 병원 관계자들도 있습니다만, 그 말 속에는 '우리가 환자를 봐주는 것'이라는 사고방식이 깔려 있다고 저는 생각합니다.

인사란 상대방을 두루 살피며 안부를 묻고 마음을 쓰는 일입니다. 애써 인사를 해도 상대방이 그 행동을 형식적으로 느낀다면 의미가 전해지지 않습니다. 예를 들어 직원 수가 적은 편의점에서는 계산대에서 손님을 맞이하는 일로 서비스를 다 했다고 생각하는 경우가 많습니다.

"어서 오세요. (삐삐삐) 1,000엔 받았습니다. 감사합니다."

고객에게 인사를 할 때조차 접객 매뉴얼에 나온 대로 시선은 늘 손에 든 봉투에 둡니다. 그러나 이런 서비스로는 클레임이나 범죄를 억제하는 효과를 기대할 수 없습니다. 애초에 "어서 오세요"라는 인사는 계산대 앞에 선 손님에게 건네는 것이 아니라 편의점 안에 들어온 손님에게 해야 합니다. 직원은 계산대만 관리하지 말고 매장 입구에서부터 손님을 배려해야 합니다. 계산대에 있을 때도 손님이 온 것이 보이면 바로 인사를 해야 합니다. 계산대 앞에서 오래 기다리게 한다는 이유로 불평하는 손님은 있어도 다른 손님에게 인사를 한다고 불평하는 손님은 없을 겁니다.

배꼽을 보고 인사한다

"사탕 하나 드실래요?"

"어디 가세요?"

오사카 아주머니들은 가방 속에 늘 사탕을 가지고 다니며 처음 만난 누구에게나 선뜻 말을 걸기로 유명합니다. 그분들은 인사 천재이자 위기관리의 달인입니다. 저는 호피 무늬 옷을 입은 오사카 아주머니들이 사탕을 건네며 모르는 사람과 대화하는 모습을 자주 봤습니다.

그분들은 저렴하고 가지고 다니기에도 좋은 사탕을 커뮤니케이션 도구로 능숙하게 활용합니다. 소란스러운 아이에게 사탕을 주면 조용해진다는 이유로 사탕을 가지고 다니기 시작했다고 합니다. 마찬가지로 예비 갑질 고객에게 정중하게 인사를 건네는 일은 상당히 매너 있는 위기관리 방법입니다.

인사의 핵심은 상대방과 눈을 맞추는 것입니다. 그러나 눈을 맞추는 일은 의외로 어렵습니다. 상대방의 눈을 노려봐서도 안 되고, 눈을 피해서도 안 됩니다. 저는 상대방의 눈에서 양어깨까지 삼각형을 그린 뒤 세 꼭짓점을 번갈아 보며 인사를 합니다. 남성의 넥타이 매듭 주위에 시선을 두며 인사하는 것도 자연스럽습니다. 이런 방법들이 여의치 않을 때는 상대방의 배꼽을 보며 이야기하면 상대방과 진지하게 마주 보고 있다는 최소한의 의사 표시를 할 수 있습니다.

기억해두면 유용할
호흡법과 스트레칭법

제하단전 호흡법을 익히자

마지막으로, 클레임 대응에 도움이 되는 건강 관리법을 소개하기 위해 제가 경찰로 일하던 시절 이야기를 할까 합니다. 갑질 고객에게 맞서기 전에 익혀두면 좋습니다.

경찰학교를 졸업하면 반드시 현장 근무를 거쳐야 합니다. 각성제 남용자가 칼을 들고 난동을 부린다고 무전기로 연락을 받으면 현장으로 달려가야 합니다. 솔직히 무섭습니다. 경찰도 공포심을 느끼니까요.

어느 날 술에 취한 사람이 칼을 들고 난동을 부린다는 연락을 받고 선배 경찰관이 출동했습니다. 그는 경찰봉으로 술 취한 사람의 손을 내리쳐 칼을 떨어뜨리게 할 생각이었는데 잘못해서 허벅지를 찔리고 말았습니다. 검도 5단인 선배가 이런 실수를 한 것은 순간적인 공포심으로 침착함을 잃었기 때문입니다.

이렇게 급박한 상황에서 침착함을 잃지 않기 위해서 경찰들은 제하단전 호흡법을 배웁니다. 제하단전이란 동양의학에서 몸속의 기가 모인다고 보는 곳입니다. 제하단전 호흡법은 배꼽 아래와 치골 사이의 단전에 힘을 주어 천천히 숨을 내뱉는 호흡법입니다. 방법은 간단합니다.

- 여섯을 세며 숨을 들이쉰다.
- 천천히 셋을 세며 빈 폐에 공기를 넣는다.
- 폐에 공기가 가득 차면 단전에 손을 대고 1초 기다린다.
- 짧은 구호로 기합을 넣는다.

이 모든 동작이 10초 안에 끝납니다. 이렇게만 해도 의연하게 대응할 준비를 할 수 있습니다. 머릿속이 하얘진다는 것은 말하자면 몸속의 기운이 날아가버린 상태입니다. 이때 다시 몸속의 기에 정신을 집중함으로써 침착함을 되찾는 것입니다. 저는 지금도 강력한 갑질 고객을 만날 때마다 제하단전 호흡을 합니다.

갑질 고객을 방문하기 전이나 갑질 고객에게 전화를 걸기 전에 제하단전 호흡을 하면 "나가 죽어!", "쓸모없는 인간!"이라는 독설을 들어도, "어디서 질질 짜?"라며 모욕적인 말을 들어도 정신이 흔들리지 않을 수 있습니다.

수식(數息)도 제하단전 호흡법과 마찬가지로 호흡을 가다듬어 잡념을 제거하는 좋은 방법입니다. 가부좌한 상태로 숨을 내쉬며 1부터 10까지 세면서 정신을 호흡에 집중해 마음을 안정시키는 방법입니다. 이때 숨을 내쉬거나 들이쉬는 횟수는 의식하지 않아도 됩니다.

발가락 스트레칭으로도 마음이 안정된다

갑질 고객을 상대하며 궁지에 몰릴 것 같을 때는 작은 동작으로 마음가짐을 바꿀 수 있습니다. SP(Security Police의 약자로, 일본 경시청 경호과에 소속되어 총리와 국빈 등 정부 주요 인사의 경호를 담당한다 – 옮긴이)는 평소 심기체(心氣體)를 다스리는 훈련을 합니다. 일반인이 SP의 기술을 그대로 익히기는 어렵지만 핵심은 배울 수 있습니다.

그중 대표적인 것이 기를 움직이는 것입니다. SP는 완력을 기르는 것보다 기를 움직이는 것을 중시합니다. 기가 모든 동작을 일으키는 근원이기 때문입니다. SP에 검도 고단자가 많은 이유도 이 때문입니다.

검도 고단자는 상대방과 거리를 둘 때 지네가 다리를 움직이듯 발가락을 움직이며 천천히 거리를 좁혀갑니다. 이때 당황하지 않고 정확한 동작을 취하려면 발가락을 움직이는 일이 무척 중요합니다. 몸을 움직이려면 우선 발가락에 힘을 주어 버텨야 하기 때문입니다. 전신 스트레칭을 할 수 없는 상황에서도 발가락을 하나하나 접었다 펴는 스트레칭을 하면 여차하는 순간에도 기민하게 움직일 수 있습니다.

저도 갑질 고객과 골치 아픈 협상을 시작하기 전에는 아무도 모르게 엄지발가락부터 하나씩 움직이는 동작을 합니다. 왼발과 오른발까지 모두 마치면 10초 정도 걸립니다. 이렇게 하면 마음이 상당히 안정됩니다. 저는 몇 년 전부터 발가락 양말을 애용하고 있는데 이것도 발가락 스트레칭을 하기 위해서입니다.

때로는 그냥 지나치는 기술도 필요하다

클레임 현장에서 스트레스에 짓눌리지 않기 위해서는 완벽주의를 버리는 일도 중요합니다. 클레임 대응에 실패하는 사람 중에는 '절대 실패하면 안 된다', '한 치의 실수 없이 완벽하게 대응해야 한다'는 강한 책임감을 가진 사람이 많습니다. 술 취한 사람들이 경찰관을 귀찮게 하는 일이 무척 많은데, 그것은 경찰이 일반 시민에게는 간섭하지 않지만 술 취한 사람에 대해서는 적극적으로 개입한다는 사실을 알고 있기 때문입니다.

마찬가지로 갑질 고객은 점잖고 착실한 직원을 노리는 경향이 있습니다. 제게는 잊을 수 없는 사건이 있습니다. 컨설턴트로서 막 독립했을 무렵의 일입니다.

ⓐ 소고기덮밥 프랜차이즈의 가슴 아픈 사례

2004년 한 남성이 도쿄 스미다구에 있는 자택에서 칼로 등과 가슴을 찔려 사망하는 사건이 일어났다. 피해자는 평소 말이 별로 없는 간병인이었고(당시 36세), 가해자는 전국에 가맹점을 둔 소고기덮밥집의 점장이었다(당시 26세). 둘 다 선량한 시민이었지만 한 사람은 불만을 토로한 고객이었고, 다른 한 사람은 그 불만을 접수한 담당자였다.

사건의 발단은 사소했다. 어느 점심시간, 피해자 남성은 집 근처에 있는 소고기덮밥집에 들러 도시락으로 주문했다. 그러나 의자에 앉아 기다리는 동안 직원들의 서비스 태도에 화가 났다.

"매장에서 먹고 가는 손님에게는 컵에 물을 따라 주는데, 왜 나한테는 아무것도 안 줘?"

이에 점장이 컵에 물을 따라 주며 손님에 대한 배려가 부족했음을 사과했고, 그 자리는 곧 진정되었다. 그러나 얼마 뒤 이 남성에게서 전화가 걸려왔다.

"아까 포장해 온 도시락을 먹은 뒤로 속이 거북해. 도저히 못 먹겠어. 어떻게 이런 음식을 팔아? 당신 눈으로 직접 확인하러 와!"

점장은 서둘러 피해자의 자택을 방문했다. "정말 죄송합니다" 하고 정중히 사과했지만 남성은 사과를 받아주지 않았다. 마침 점심때라 매장이 붐비는 시간이었다. 승진한 지 얼마 되지 않았던 점장은 아르바이트 두 명이 지키고 있을 매장이 너무나 걱정스러웠다. 점장은 "오늘은 이쯤에서 마음 푸세요"라며 주머니에서 지갑을 꺼내 1,000엔짜리 지폐를 내밀었다. 욕설을 퍼붓던 남성은 시치미를 떼고 지폐를 받았다.

그러나 상황은 그것으로 종료되지 않았다. 남성의 클레임은 갈수록 과격해졌고, 성가신 전화를 하루에 열 번 이상 걸어오는 날도 있었다. 그리고 결국 "너희 부모 면상 좀 보자"라는 말에 점장의 분노는 극에 달했다. 끔찍한 범죄가 벌어진 것은 그 직후였다.

점장이 저지른 범행은 결코 용서받을 수 없지만, 경찰의 수사로 피해자 남성이 여러 차례 금품을 요구한 상습 갑질 고객이었음이 밝혀졌습니다. 이 참혹한 사건은 당시 일본을 떠들썩하게 했습니다만, 이 일을 특이한 경우라고 할 수는 없습니다. "고객을 죽이는 꿈을 꿨어요"라며 고객 서비스 담당자가 제게 도움을 요청할 때도 있습니다. 도움조차 구하지 못하고 혼자 괴로워하는 사람도 많습니다. 타인에게 의지하는 것이 자신의 자존심상 허락하지 않아서인지도 모릅니다.

매일 갑질 고객을 상대하다 보면 도저히 받아들일 수 없는 한계와 마주할 때가 있을 것입니다. 이따금 "그렇게 나온다면 누구 말이 맞는지 한번 가려보자!"라고 반격하고 싶을 것입니다. 그것은 당연히 위험합니다. 그렇다고 말없이 참고만 있으면 답답한 자신에게 화가 납니다. 어떻게 하면 좋을까요?

저는 이럴 때 즉흥적으로 행동하지 않으려고 노력합니다. 먼저 제하단전 호흡법으로 마음을 가다듬으면서 내 화가 지나가기를 기다립니다. 이것은 경찰관 시절에 익힌 방법이지만, 분노 조절 방법론을 다루는 전문가들이 책에서 자주 언급하는 방법이기도 합니다. 자신만의 '지나치는 기술'을 익히면 결과적으로 자기를 지킬 수 있습니다.

그러나 이렇게 해도 상황이 나아지지 않을 때가 있습니다. 그럴 때는 "지금 내가 하지 않더라도 언젠가 누군가에게 호되게 당할 사람이다"라고 생각합니다. 반드시 천벌을 받을 것이라 믿으며 마음을 추스릅니다. 몬스터 고객은 모든 고객이 만족하도록 완벽하게 대응해야 한다는 강박관념을 가진 직원을 노립니다. 한발 뒤로 물러나 사태를 관망함으로써 상대방의 공격을 피할 수 있습니다.

해도 해도 너무하시네요

2019년 8월 20일 초판 1쇄 발행

지 은 이 | 엔카와 사토루
옮 긴 이 | 서라미
펴 낸 이 | 서장혁
책임편집 | 김민정
디 자 인 | 정인호
마 케 팅 | 한승훈, 안영림, 최은성

펴 낸 곳 | 토마토출판사
주   소 | 경기도 파주시 회동길 216 2층
T E L | 1544-5383
홈페이지 | www.tomato4u.com
E-mail | support@tomato4u.com
등   록 | 2012. 1. 11.
I S B N | 979-11-85419-98-5 (03320)